JN119529

社会と倫理

梨木　昭平

はじめに

講義「社会と倫理」のテーマについては、下記のように設定されている。

①社会とともにあるデザイナーにとって必要な倫理・規範に関する理解を深める。
②社会と倫理と密接な関係にある法に関する理解も同時に深める。
③社会と法とが一体化する場面と、大きく分かれる場面について、法学的な観点から倫理的に説明できるようになる。
④今後の社会において、倫理が果たすべき役割と法が果たすべき役割について、それぞれの特質を踏まえながら考察を深められるようになる。

上記のテーマにもとづき、本授業を3回(3年)担当した経過を踏まえて、テキストとしてまとめたい。

第1章では　倫理と道徳を対比したうえで、義務教育での道徳教育をふりかえり、倫理との共通点・相違点について理解を深める。

第2章では、「社会と倫理」ガイダンスとして授業内容を再確認し、もともとのテキスト『法学入門』を踏まえて、経済格差問題等の現代的課題について倫理的観点から理解を深める。

第3章では、倫理について考察する事例を提示し、受講者自身が倫理について主体的に考える場を豊富に提供している。

目次

なお、学習指導要領や法令等のまとまった引用はを大きくしたり太字にしたりしている箇所が多いが、**付与されている下線・太字への加工等は、すべて筆者によるもの**である。

・・・第１章・・・
倫理と道徳

第１節　倫理と道徳の対比

「社会と倫理」についての考察をすすめるうえで、あらためて「倫理」ということの内容・意義について確認しておきたい。この点の理解共有を受講者と教員のあいだで充分しておくために、まず、学校教育の場で少なくとも 9 年間は学習している「道徳」との関係について、新しい文献を素材に確認してみよう。

品川哲彦による『倫理学入門』では、下記のような記述がある。

> 道徳と倫理は同じ意味で使われる場合もあれば、使い分けられる場合もある。使い分けられるときのその違いは大まかにいって「よいひと」の意味のこの二つの要素に対応している。**道徳**とは、私たちが一緒に生きていくために守るべき行動規範の体系である。私たちの共同生活の破綻を防いだり（たとえば、「ひとを傷つけてはいけない」）、共同生活をいっそう有意義にしたり（たとえば、「ひとには親切にすべし」）する教えがそこに含まれている。
>
> これにたいして、倫理は本人の生き方の選択に関わる。先に挙げたアスリートや芸術家の例にかぎらず、誰もが自分の人生を選んでいる。だから、倫理に含まれる教え（たとえば、「自分の能力を伸ばすべし」「自分の一生を大切にせよ」）もどのひとにもあてはまる。[1)]

道徳的に「よいひと」とは、「立派なひと、尊敬すべきひと」であり、「私たちが一緒に生きていくのに役立つひと」であると品川は定義づける。「たいていの人間に期待できそうなことはきちんとしてくれるひと」であり、「他人のためになるが誰もがするとはかぎらないことに尽力するひと」は、ますます「よいひと」であり、「そういうひとが大勢いれば助かるし、よいひと自身も他のよいひとに助けられ、みながその恩恵に浴する。」と説明する。

それに対して、倫理的に「よいひと」とは、「自分の生き方をみずから選びとって精進している」ひとであり、「自己鍛錬を怠らぬアスリート、創作に没頭する芸術家、つねに工夫を凝らす職人」が具体例として示されている。

「道徳と倫理のそういう使い分けは初耳だ」といわれるかもしれない。もっともだ。その違いはラテン語の mos とギリシア語の ethos に由来する。どちらも慣習を意味するが、**ethos のほうは気高い性格という意味も含意する。**「道徳」という日本語はラテン語起源の、英語でいえば moral に訳語にあてられる。**「倫理」という日本語はギリシア語起源の、英語でいえば ethic の訳語にあてられる。**

だから、日本語の道徳と倫理という語に上のような区別はもともとないけれども、ラテン語とギリシア語のこの語源を反映させて、**世間のきまりを遵守する生き方を道徳的、矜持ある生き方を倫理的と呼び分けることができる。**[2)]

上記の指摘になるように、道徳（モラル）が世間のきまりごと重視なのに対して、倫理は矜持ある生き方重視とも説明されている。

「価値観を共有する者たちから成る共同体が価値観の異なる人びとに開かれてゆく過程」が近代化であると定義づけたうえで、「価値多元社会では、「誰でも自分がよいと思う生き方を追求してよいし、本人が選んだ生き方を尊重すべきだという」価値多元化社会の考えや規範が道徳に属するとしたうえで、「多様な生き方の選択肢とその選択肢のなかから自分の生き方を実際に選ぶことは（自分が生まれ育った共同体のなかで身につけた生き方を選ぶ場合もあれば、あるいはそれに反発して社会のなかで見聞した別の生き方を選ぶ場合もあるが)」倫理に属すると説明され、「私はカトリックの教えにしたがって生きる」という決断は倫理に属し、「他のひとは別の宗教を信じてよいし、何の宗教も信じなくてもよい」という態度は道徳に属すると説明されている。

伊藤亜紗の『手の倫理』では、道徳と倫理の違いについて詳しく説明されているが、下記のエピソードが大変興味深い。少し長くなるが、筆者である伊藤が、「道徳と倫理の違いを痛いほど思い知らされた出来事」として、たいへん重要であるので全文紹介しておこう。

当時小学校三年生だった息子をつれて、アメリカに出張に行ったときのことです。

ホテルに到着し、買い物がてら街を散歩したときのこと。向こうから、40 代くらいの太った女性がふらふらと揺れながらこちらに近づいてきます。乱れた身なりと手を差し伸べている様子から、物乞いをしようとしていることがすぐに分かりました。

私はとっさに息子の手をぐいと引いて、その女性を避けるように通りの

反対側に渡ってしまいました。自分ひとりならまだしも、子供もいる状況で、何かよくないことに巻き込まれたら大変だ。その一心でした。

その直後でした。息子がパニックを起こしたように大泣きをし始めたのは。なぜ、お母さんはあの人を助けなかったのか。なぜ、かわいそうな人にあんな仕打ちをするのか。ぼくがもし病気になったり障害を持ったりしたら、みんなに冷たくされるのか。あの人は、すごく悲しそうな声で「ソーリー」と言っていたじゃないか。あの声がぼくの心に残って離れない。とても悲しい。苦しい。そして、息子は何度もこう繰り返したのです。「この気持ちは一生残っちゃうと思う。お母さん、何とかして」。

私は懸命に説明を試みました。世の中には困っている人がたくさんいて、すべての人に施し物をすることはできない。その代わりに「税金」という制度があって、その「みんなからちょっとずつ集めたお金」を使って、困っている人を助ける仕組みになっている。それに、あの人にお金をあげたとしても、お酒を買ってしまったりして、あの人のためにならないかもしれないよ。

案の定、私の説明は息子にはひとつもとどきませんでした。結局、ホテルに帰っても一時間くらい大声で泣き続けることになりました。

「困っている人がいたら助けましょう」。これが小学生の頭の中にある行動規範です。なぜなら学校の授業でそう習ってきたし、そうすべきだと自分でも心がけてきたからです。世界は、困っている人が当然のように助けられる場所だと思っていた。

それなのに、その絶対的なルールを、一番身近な大人である母親が目の前でやぶったのです。パニックになるのも無理はありません。

もちろん、私も「困っている人は助けるべきだ」ということは理解していたつもりです。けれども、あの状況でそれに従うことはできなかったし、従うのが最善ではないかもしれないということ、つまりこの規範がそれほど絶対的ではないということも、いつの間にか知っていました。「困っている人は助けるべきだ」は「タテマエ」であって、「ホンネ」は別にある。そんなふうに考えていました。[3)]

「私と息子は、道徳と倫理のあいだで引き裂かれていた」と筆者はまとめている。「小学校の道徳の授業で習うような、「○○しなさい」という絶対的で普遍的な規則」に対し、倫理は、「現実の具体的な状況で人がどう振る舞うか」に関わると説明する。

「相手が何者か分からず、自分の身を守る必要もあり、時間やお金の余裕が無限にあるわけではない今・ここの状況で、どう振る舞うことがよいのか。あるいは少しでもマシなのか。」倫理が関わるのはこういった領域だとまとめている。

道徳と倫理を対比するために、「タテマエ」と「ホンネ」という用語が用いられているのは大胆であるが分かりやすい。

社会生活のさまざまな場面で、私たちはものごとを一般化して、抽象化して捉えてしまいがちです。「人間」「身体」「他者」という言葉。ほんとうは、そんなものは存在しません。それぞれの人間は違うし、それぞれの身体は違うし、それぞれの他者は違っています。

けれどもついついその差異を無視して「人間一般」「身体一般」「他者一般」について語り、何かの問題を扱ったような気になってしまう。もちろん、道徳が提示する普遍的な視点を持つことも重要です。そうでなければ、人は過剰に状況依存的になってしまい、その場まかせの行動をすることになってしまうでしょう。けれども、「一般」として指し示されているものは、あくまで実在しない「仮説」であることを、忘れてはなりません。なぜなら「一般」が通用しなくなるような事態が確実に存在するからです。

そして、倫理的に考えるとは、まさにこのズレを強烈に意識することから始まるのです。[4)]

これまでの引用を踏まえて、まず「道徳」について、まとめてみよう。

『手の倫理』では、社会生活のさまざまな場面で、私たちはものごとを一般化して、抽象化して捉えてしまいがちであり、道徳が提示する「普遍的な視点」も、社会生活や集団にとっては必要とされ、『倫理学入門』でも、「道徳とは、私たちが一緒に生きていくために守るべき行動規範の体系」であり、私たちの共同生活の破綻を防いだり（たとえば、「ひとを傷つけてはいけない」）、共同生活をいっそう有意義にしたり（たとえば、「ひとには親切にすべし」）する教え」とあるように、共同生活や社会が前提とされている。道徳は、人間集団のなかでの共通の規範という点は共通している。

次に、「倫理」についてまとめてみよう。

『手の倫理』では、「道徳」についてタテマエという表現もされており、「学校の授業で習ってきた」という与えられた規範というイメージがある。「倫理学入門」では、価値観を共有する者たちから成る共同体が価値観の異なる人びとに開かれてゆく過程が近代化であり、「価値多元社会では、誰でも自分がよいと思う生き方を追求してよいし、本人が選んだ生き方を尊重すべきだという考えが社会に共通の規範」として認められ、この規範は道徳に属す——と説明されており、道徳も近代化の結果かちとられたものだという点が強調されている。この点は相違点である。

『手の倫理』では、「倫理に「一般」などというものはない、と。なぜなら状況が個別的であるのに加えて、判断をする人も、それぞれに異なる社会的、身体的、文化的、宗教的条件のなかに生きており、その個別の視点からしか、自分の行動を決められない」という引用文が紹介され、筆者自身も「個別」ということを強調している。『倫理学入門』でも、「倫理は本人の生き方の選択」「多様な生き方の選択肢とその選択肢のなかから自分の生き方を実際に選ぶ」とあり、本人個人の個別性と倫理がむすびつけられており、個別性に関わる点は共通する。

『手の倫理』では、「倫理は、現実の具体的な状況で人がどう振る舞うかに関わります。相手が何者か分からず、自分の身を守る必要もあり、時間やお金の余裕が無限にあるわけではない今・ここの状況で、どう振る舞うことがよいのか。あるいは少しでもマシなのか。倫理が関わるのはこういった領域です。」と説明され、「タテマエ」と「ホンネ」とも表現されているように、「タテマエ」「一般」(道徳)と**対比的・対立的**な位置づけとして「倫理」が強調されている。

これに対して、『倫理学入門』では、「世間のきまりを遵守する生き方を道徳的、矜持ある生き方を倫理的と呼び分ける」とあるように、生き方のどの部分に重点を置くかという違いとして「道徳」との違いが説明されている。「価値多元社会」での規範は道徳に属し、「多様な生き方の選択肢とその選択肢のなかから自分の生き方を実際に選ぶこと」は倫理に属す——という説明からも判断できるように、「道徳」と「倫理」とが対比的(対立的)には説明されていない。

『手の倫理』では、「道徳」を重視する息子に対して、「ホンネ」を重視する母親の説明が中心となっているため、確実に存在するとされる「一般」が通用しなくなるような事態に対して、倫理的に考えることの重要性が強調されている。筆者自身にも当事者意識が強い。

それに対して、『倫理学入門』では、筆者自身にあまり当事者意識はなく、少し距離をおいて分析しているように思える。倫理的な生き方として「自己鍛錬を怠らぬアスリート、創作に没頭する芸術家、つねに工夫を凝らす職人」という例示がされているが、あまり一般的な人物像ではない。

学校教育のなかでも、集団的規範が重視される「道徳」は小学校・中学校までで、高校からは「倫理」に切り替わる。「手の倫理」で提示されている具体例のように、ホンネとタテマエの間でどのように判断するか迷う場面も成長に伴って増えていくだろう。「道徳」的な観点だけでは解決できないような出来事が高校生以降には起こることが想定されて「倫理」が設定されているともいえる。

次節では、倫理について考察する手がかりとして、受講者が義務教育期間に受けた道徳教育についてまとめてみよう。集団での規範に関わる授業であるため、家族や国家等との関係を無視することはできない。

第2節　道徳教育の変遷

「社会と倫理」を考察するうえで参考になる「道徳教育」の変遷について、文部科学省の指針となる「学習指導要領」等を素材にして整理しておこう。

教職課程コアカリキュラムの在り方に関する検討会が 2017(平成29)年に発表した「教職課程コアカリキュラム」では、「道徳の理論及び指導法」について、下記のように説明されている。

「教育基本法及び学校教育法に定められた教育の根本精神を踏まえ、自己の生き方や人間としての生き方を考え、主体的な判断の下に行動し、自立した人間として他者と共によりよく生きるための基盤となる道徳性を育成する教育活動」としての道徳教育について、

全体目標は「道徳の意義や原理等を踏まえ、学校の教育活動全体を通じて行う道徳教育及びその要となる道徳科の目標や内容、指導計画等を理解するとともに、教材研究や学習指導案の作成、模擬授業等を通じて、具体的な実践力を身に付ける」こと。

道徳の理論

一般目標として「道徳の意義や原理等を踏まえ、学校における道徳教育の目標や内容を理解」が、到達目標としては「道徳の本質(道徳とは何か)を説明できる」、「道徳教育の歴史や現代社会における道徳教育の課題(いじめ・情報モラル等)を理解」、「子供の心の成長と道徳性の発達について理解」、が設定されている。

2—1　「道徳の時間」創設以前

近代教育の始まりである**1872（明治5年）の「学制」**の発布と共に戦前の「儀式的行事」も始まるが、戦前の道徳教育は、この儀式的行事と関係が深い。

> 1872(明治5)年の学生発布以降、入学式や卒業式は地域行事の1つに数えられるくらい盛大に行われた。それには、2つの理由がある。まず1つに、こうした儀式を通じて国民皆学と学事奨励をはかることがあげられる。学齢期の子どもを1人でも多く学校に通わせる具体的政策として、儀式的行事が好んで用いられた。2つめは、儀式の「厳粛さ」という言葉が象徴するように、学校や教師と国家の権威づけを高めるという目的があった。[5)]

上記のような指摘があるように、入学式や卒業式のような儀式には国家側の戦略的な意味合いが存在することは否定できない。

1886（明治 19）年　には**文部大臣森有礼による「学校令」**－小学校令・中学校令・帝国大学令・師範学校令によって儀式による国民統合がより明確になる。

例えば、紀元節―神武天皇即位に基づいて制定された祝日等に教員と児童・生徒が拝礼することが奨励される。

1890（明治 23）年　「教育勅語（教育ニ関スル勅語）」発布。

1.　父母ニ孝ニ（孝行）
2.　兄弟ニ友ニ（友愛）
3.　夫婦相和シ（夫婦の和）
4.　朋友相信シ（朋友の信）
5.　恭倹己レヲ持シ（謙遜）（言動のつつしみ）
6.　博愛衆ニ及ホシ（博愛）
7.　學ヲ修メ業ヲ習ヒ（修業習学）
8.　以テ智能ヲ啓發シ（知能啓発）
9.　徳器ヲ成就シ（徳器成就）（人格向上）
10.　進テ公益ヲ廣メ世務ヲ開キ（公益世務）（社会貢献）
11.　常ニ國憲ヲ重シ國法ニ遵ヒ（遵法）（秩序重視）
12.　一旦緩急アレハ義勇公ニ奉シ（義勇）

以テ天壌無窮ノ皇運ヲ扶翼スヘシ(非常時に国家に尽くす)

以上抜粋

「尊皇・愛国・忠孝の道徳」をあらわし、「以テ天壌無窮ノ皇運ヲ扶翼スヘシ」の部分は日本の戦時体制構築に利用された面が大きい。

1891(明治 24)年　小学校祝日大祭日儀式規定(しゅくじつたいさいじつぎしききてい)―祝祭日における御真影(ごしんえい)礼拝や教育勅語奉読が規定される。

神武天皇即位日とされる紀元節(2 月 11 日)などには「君が代」が斉唱され、ご真影(天皇の肖像写真や肖像画)に敬礼し、校長は「教育勅語」を奉読し、当時の道徳の実践を導く説明が定着化していく。

<戦前の教育　視聴覚教材>

◆1　NHKスペシャル　映像の世紀　第 11 集「ＪＡＰＡＮ」

チャプター10「敵国　ＪＡＰＡＮ」　約 50 分後

当時のアメリカの日本の教育に対する見方―「汝の敵　日本を知れ」

「政府の認めたことしか教えない」「日本人は神の子孫」

「天皇に命をささげるのだと教えられる」

◆2　NHK 特集 激動の記録　終戦前夜~日本ニュース昭和 18~20 年

1942(昭和 17)年のミッドウェー敗戦からサイパン玉砕。日本の戦運が傾き始めた日本国内では学徒出陣、女子挺身隊、学徒動員から学童疎開と国民総動員の挙国体制に入った。しかし特攻隊、食糧難、住宅難など、生きるための庶民の必死のいとなみの連続だった。

チャプター3**「国民学校の防空演習」**チャプター6**「続け陸軍少年兵」**1943(昭和 18)年では、当時のこどもが国家にとってどのような存在であったかを読み取ることができる。

チャプター13**「学童疎開生活」**1944(昭和 19)年では、疎開先ではあるが当時の授業風景の様子がうかがえる。

◆3　日本の戦後　第6回くにのあゆみ　戦後教育の幕あき

ＮＨＫ　1977年放映　（DVD　2012年発売）

冒頭で「初等科　国史」の教科書がまず朗読され、その後「くにのあゆみ」(第二次大戦後文部省から出された国民学校用の国定歴史教科書)が朗読。
7～8分「明治以来教科書が日本人をつくってきた」という説明と、歴史授業の停止や疎開児童等当時の映像。

<戦後の教育>

◆4　昭和こどもキネマ 第5巻[児童映画編3]
「ぼくらの教室」1948(昭和23)年

駅の様子を写生している様子から始まる。何を調べるか？どのように調べるか？問いかけが繰り返され、駅の何を調べるかについて子どもの主体性を導き出しながら授業がすすめられる。現在の体験学習や総合学習につながる要素もある。

文部科学省「学制百年史編集委員会　六　戦後の教育改革」によれば、1945(昭和 20)年秋から、極端な国家主義や軍国主義を排除する目的で指令が発せられ、12月には**「修身・地理・歴史の授業を停止し、戦時中使用されていた教科書をすべて回収すると指令したこと」**とされている。
例えば、戦時中の「修身科」については次のような指摘がある。

教育勅語が書かれた教科書を大切に扱うことが要求されたため、子どもたちにとって教育勅語は、ただ神聖なものであるというイメージだけが刷り込まれていきました。教える側も、その取り扱いには苦心していたようです。

結局、その内容・精神について理解を深めることよりも、まず暗記することが求められたというのが実情なのです。教育勅語にかぎらず、当時の修身は暗記が基本となっており、教諭が読みあげたものを、子どもたちが同じように復唱することが何度も繰り返されました。[6)]

修身科に象徴されるように、暗記中心で画一的な国定教科書制度から、戦後は検定制度へと移行していく。以下、引き続いて「学制百年史編集委員会　六　戦後の教育改革」から引用してみよう。

学習指導要領は新学制による学校教育の出発に当たって必須なものとなった。特に新しい科目として登場した社会科や家庭科や自由研究などは、指導の基準となるものがなくては、授業を始めることができなかった。

1947(昭和 22)年春に学習指導要領一般編(試案)が配布され、続いて各教科別の学習指導要領がつくられた。このことが現在にも続く学習指導要領の出発点である。

このときの「**一般編(試案)　序論　　一なぜこの書はつくられたか**」で「**いまわが国の教育はこれまでとちがった方向にむかって進んでいる。この方向がどんな方向をとり，どんなふうのあらわれを見せているかということは，もはやだれの胸にもそれと感ぜられていることと思う。このようなあらわれのうちでいちばんたいせつだと思われることは，これまでとかく上の方からきめて与えられたことを，どこまでもそのとおりに実行するといった画一的な傾きのあったのが，こんどはむしろ下の方からみんなの力で，いろいろと，作りあげて行くようになって来たということである。これまでの教**

育では，その内容を中央できめると，それをどんなところでも，どんな児童にも一様にあてはめて行こうとした。だからどうしてもいわゆる画一的になって，教育の実際の場での創意や工夫がなされる余地がなかった。」と書かれていることは、この時期の教育の雰囲気をよく表している。

「教育の実際の場での創意や工夫」を尊重するからこそ(試案)と表示されているのである。以下、◯のなかの数字は学習指導要領について**主要な告示(改訂)**がされた順を示すが、**③⑥⑨**の改訂が道徳教育にとっては重要である。

①1947(昭和 22)年(試案)　小・中学校

男女共に学習する「家庭科」を設ける（小学校）。

修身・日本歴史及び日本地理を廃し,「社会科」新設

戦後教育改革に基づく「教科課程」として、**「試案」**の形で作成。

②1951(昭和 26)年(試案)　小・中・高校

教科を、学習の技能を発達させるに必要な教科（国語・算数),

社会や自然についての問題解決の経験を発展させる教科（社会・理科),

創造的表現活動を発展させる教科（音楽・図画工作・家庭),

健康の保持増進を助ける教科（体育）　　　の４つの経験領域に分ける。

道徳教育は，学校教育のあらゆる機会に指導すべきであるとした。

③　※１（p20 以降　参照）

1958(昭和 33)年　小・中学校　1960(昭和 35)年　高校

小学校施行 1961 年　中学校施行 1962 年　高校施行 1963 年

小・中学校では「道徳の時間」高等学校では「倫理社会」がそれぞれ新設。

学習指導要領は教育課程の基準として文部大臣が公示するものとされる。

④

1968(昭和 43)年小学校　　施行 1971 年

1969(昭和 44)年中学校　　施行 1972 年

1970(昭和 45)年高校　　施行 1973 年

小学校の教育課程を**「各教科」「道徳」「特別活動」**の３領域に。

社会情勢の進展等の変化に対応するため、算数・数学・理科を中心に、「教育課程の現代化」が図られ、最大・最高の学習量。高校進学率上昇。

⑤

1977(昭和 52)年　小・中学校　　小学校施行 1980 年

中学校施行 1981 年

1978(昭和 53)年　高校　　高校施行 1982 年

各教科の標準時数を 1 割削減。「ゆとりの時間」新設。

高校では「現代社会」創設。

⑥　※２（ｐ３１以降　参照）

1989(平成元)年　小・中・高校

小学校施行 1992 年　中学校施行 1993 年　高校施行 1994 年

小学校低学年で，新教科**「生活科」**設置。

高等学校では「社会科」を「地理歴史科」と「公民科」に再編。

国旗・国歌の指導の強化(祝日のみの「掲揚・斉唱が**望ましい**」から、
全ての入学式・卒業式で「掲揚・斉唱を**指導するものとする**」へ変更

⑦

1998(平成10)年　小・中学校　1999年　高校

小学校・中学校施行2002年　高校施行2003年

学校完全週5日制実施、教育内容の約3割が削減。

小学校中学年～高等学校で「総合的な学習の時間」新設。

⑧

2008(平成20)年　小・中学校　2009年　高校

小学校施行2011年　中学校施行2012年　高校施行2013年

総授業時間数の増加(理数教育の増加)。小学校高学年で外国語活動必修化。総合的な学習の時間の削減。「ゆとり教育」への反動ともいえる改訂

⑨

2017(平成29)年　小・中学校　2018年高校

小学校施行2020年　中学校施行2021年　高校施行2022年

総授業時間数は増加。小学校高学年に教科として「外国語」が設定されることにより、義務教育での外国語教育の負担が児童・教員とも増大。

先立つ2015(平成27)年部分改訂により「道徳科」創設。
移行期間を経て、小学校では2018(平成30)年、中学校では2019(令和元)年から完全実施。

※３　（2－3 「道徳科」移行まで 参照）

※1　「道徳の時間」新設

道徳の時間が設置される以前からの、道徳教育に対する国の姿勢を学習指導要領の記述から考察する。

1955（昭和 30）年度の「小学校　学習指導要領　社会科編」資料 A では、「教師の一方的な注入」による教育への問題提起があり、また、「道徳的判断力」を育成するためには、「例話」による道徳教育だけではなく**「生活の中で出会う個々の具体的な問題」**に即する必要があると提起されており、今日の道徳教育の手法にとっても重要な記述がある。少なくとも学習指導要領の文言としては、「個々の具体的な問題」という要素はこの後徐々に薄まっていく。

資料 A　1955（昭和 30）年度「小学校　学習指導要領　社会科編」

社会科の場合には，さらに従来の修身，国史，地理などの教科に分けて教育していた時代のことと対比してみることが，この教科の特質を理解する上に役だつであろう。

修身科で取り扱った各種の徳目，たとえば礼儀，尊敬，感謝などには，今日の社会生活においても，これを尊重していかなければならないものが数多くある。しかし，修身科では，これらの徳目を中心として組織された学習内容が，主として教科書の講読，格言の暗誦，教師の訓話など，いわば教師の一方的な注入によって教えられる傾向が強かったので，児童の人問性を内面から開発し，実生活にあたって自主的に判断し行動し得るような能力を養うという点で欠ける面が少なくなかった。いくつかの徳目の観念的な理解に終ったり，時としてはかえって児童に表裏のある生活態度を植えつける場合も生じた。

また，修身科では，徳目を具体的に理解させるために主として例話が用いられた。この例話は，時と所を異にした人物の行為の例であっても，それが児童の道徳的心情をゆり動かし，かなり強い感銘を与えるという教育的効果は大いに認めなければならない。しかし，そのような例話を通して児童に感銘を与えておきさえすれば，かれらが将来いろいろ異なった現実の事態に対処していく場合，いつでも正しい道徳的判断をし，望ましい社会生活ができるものと考えるのは早計である。

社会生活において，親切ということがいかにたいせつなことかという一般的な理解や感銘を与えるだけでなく，具体的な時と所に応じてどう行為することが親切なことになるのかということを自主的に考え，実行できるような人間にすることこそ，道徳教育の究極のねらいでなければならない。

そしてこのような意味における考える力，実行力の基礎には，当然社会生活についての広く深い理解，たとえば，現在の社会の中では人々は互にどのように関係し合い，どのような機構や制度を通じて結ばれ合っているか，またそれらの関係はどのような努力を通して歴史的に変ってきたものであるかなどについての具体的認識が必要なのである。すなわち，道徳的な判断力や実践力というものは，歴史，地理，その他いろいろな観点からとらえた社会についての理解に裏づけられてこそ，初めて真に生き生きとした力強いものになるといえるのである。

また，こうした道徳的判断力を効果的に養うには，ただ例話などを活用するだけでなく，学習全体を児童が自発的，積極的な関心を持って進め得るようにする必要がある。すなわち，かれらが生活の中で出会う個々の具体的な問題に即し，望ましい道徳的判断や行為のしかたを考えることのできるような学習の過程を重視しなければならない。(後略)

2―2　1989年告示学習指導要領まで

1958年に道徳の時間が設置されたとき、学習指導要領の構成では、第3章として「道徳、特別教育活動および学校行事等」とされており、道徳が独立した章にはなっていなかった。また、「第2　内容」では、「道徳教育の内容は，教師も生徒も**いっしょになって**理想的な人間のあり方を追求」という表現があり、教師からの注入による教育を避けたいという思いを読み取ることができる。さらに、**「2　道徳的な判断力と心情を高め，それを対人関係の中に生かして，豊かな個性と創造的な生活態度を確立していこう。」**のなかの(5)において「人は，とかくあやまちを犯したり，失敗をしがちなものである」「言いわけをしようとしたり，責任を他に転嫁したりしがち」という記述が、(10)において「長い人生には，すべてに激しく絶望して，何もかも信じられなくなるときもあろう。」という記述があり、あるべき姿だけではなく、現実の人間の実態の姿が文書の中に織り込まれている。

また、**「3　民主的な社会および国家の成員として，必要な道徳性を発達させ，よりよい社会の建設に協力しよう。」**では、(1)において「家族は，本来深い愛情でつながっているものであるが，親しさのあまり感情を露骨に表わして，ともすれば他人どうしの場合よりもかえって気まずい空気をかもし出しがちである。」という記述が、

(4)においては、**「われわれは誘惑を受ければ，悪に陥りやすい弱さをもち，また，集団の中においては，友情や義理の名のもとに悪に引きずり込まれたり，悪を見のがしたりするものであるが一」**という記述があり、やはり人間の実態の姿が反映されている。学習指導要領本文の記載としては、このような人間の実態についての記述は姿を消していき、「あるべき姿」のみが描かれていくことになる。

さらに注目されるのは、「(3)　狭い仲間意識にとらわれないで，より大きな集団の成員であるという自覚をもって行動しよう。」においては、**「われわれは自分の集団の目標や立場だけにとらわれがちであるが，そうすると，他の集団との間に利害の対立や，考え方の相違に基く争いが起りやすい。このような集団的利己主義を反省して，他の集団に対する理解を深め，お互により大きな集団の成員でもあるという自覚をもって連帯共同の実をあげるように努めよう。」**という記述が、(5)においては**「人はとかく自己のいだく思想や所属する集団の立場からのみ，何が正義であるかを判断しがちであり，そのような考え方から専制や暴力や過激な感情も正当化されやすい。」**という記述が、(6)においては、**「愛国心は往々にして民族的偏見や排他的感情につらなりやすいものであることを考えて，これを戒めよう。」**という記述があり、「集団的利己主義」に対する問題意識や批判精神が何箇所かで明示されているのである。このような記述は、学習指導要領本文には1958(昭和33)年のもの以降には登場しない。

資料B　1958(昭和33)年　中学校学習指導要領

第3章　道徳，特別教育活動および学校行事等

第1節　道　　徳

第1　目　　標

人間尊重の精神を一貫して失わず，この精神を，家庭，学校その他各自がその一員であるそれぞれの社会の具体的な生活の中に生かし，個性豊かな文化の創造と民主的な国家および社会の発展に努め，進んで平和的な国際社会に貢献できる日本人を育成することを目標とする。

第２　内　　容

道徳教育の内容は，教師も生徒もいっしょになって理想的な人間のあり方を追求しながら，われわれはいかに生きるべきかを，ともに考え，ともに語り合い，その実行に努めるための共通の課題である。

道徳性を高めるに必要なことがらは，本来分けて考えられないものであって，道徳的な判断力を高めること，道徳的な心情を豊かにすること，創造的，実践的な態度と能力を養うことは，いかなる場合にも共通に必要なことであるが，上の目標を達成するためのおもな内容をまとめて示すと，次のとおりである。

１　日常生活の基本的な行動様式をよく理解し，これを習慣づけるとともに，時と所に応じて適切な言語，動作ができるようにしよう。

（１）　生命を尊び安全の保持に努め，心身ともに健全な成長と発達を遂げるように励もう。(以下略)

（２）　正確適切なことばづかいや能率的な動作ができるように努めよう。

集団生活は，お互の理解と協同の上になりたつものであるから，他人に不快な感じをもたせることのないように表情や身なりにも注意し，時と所に応じて，正確適切なことばづかいや能率的な動作ができ，しかもそれらが個性的で，**他人から敬愛されるものになるように努めよう。**

(３)　整理整とんの習慣を身につけて，きまりよくものごとが処理できるようにしよう。(以下略)
(４)　時間や物資や金銭の価値をわきまえて，これらを活用しよう。(以下略)
(５)　仕事を進んで行い，根気よく最後までやりぬく態度や習慣を身につけよう。(以下略)

２　道徳的な判断力と心情を高め，それを対人関係の中に生かして，豊かな個性と創造的な生活態度を確立していこう。

(１)　人間としての誇をもち，自分で考え，決断し，実行し，その責任をみずからとるように努めよう。

人は，生存を維持するための生物的な欲求に動かされ，また，社会の慣行に**盲従しやすい弱くてもろい面をもつ**が，同時に自分で考え，決心し，自主的に行動する力を与えられている。

つとめて衝動をおさえ，冷静に考えて，正しいと信ずるところを実行し，その結果にみずから責任をとろうとすることに，誇を感ずるようになろう。

(２)　すべての人の人格を尊敬して，自他の特性が，ともに生かされるように努めよう。(以下略)
(３)　つとめて謙虚な心をもって，他人の意見に耳を傾け，自己を高めていこう。(以下略)
(４)　人は，先入観や感情にとらわれたり，無批判に他の意見に支配されたりして，しばしば真実を見失いがちである。(以下略)
(５)　あやまちは率直に認め，失敗にはくじけないようにしよう。また，他人の失敗や不幸には，つとめて暖かい励ましをおくろう。

人は，とかくあやまちを犯したり，失敗をしがちなものである。しかも，自分のあやまちを率直に認めることはむずかしいことであって，言いわけをしようとしたり，責任を他に転嫁したりしがちである。しかし，自分のあやまちや失敗を潔く認め，卑屈になったり他人の成功をねたまないで，それらの原因を冷静に究明し，再起に役だたせよう。また，他人のあやまちに対しては寛容で，その失敗に対しては，暖かい励ましをおくることに努めよう。

（6） 異性関係の正しいあり方をよく考え，健全な交際をしよう。(以下略)

（7） 常に真理を愛し，理想に向かって進む誠実積極的な生活態度を築いていこう。

真理を愛し，現実の困難にもかかわらず，あくまで理想を追求することは，青年にふさわしいりっぱな態度である。しかし，ともすると夢を追って空想にはしったり，また，**現実のきびしさに負けて，世をいとうようになりがち**であるが，それは，理想と現実の関係を正しく理解しないからである。(以下略)

（8） 真の幸福は何であるかを考え，絶えずこれを求めていこう。(以下略)

（9） 情操を豊かにし，文化の継承と創造に励もう。(以下略)

(10) どんな場合にも人間愛を失わないで，強く生きよう。

長い人生には，すべてに激しく絶望して，何もかも信じられなくなるときもあろう。(後略)

3 民主的な社会および国家の成員として，必要な道徳性を発達させ，よりよい社会の建設に協力しよう。

（1） 家族員相互の愛情と思いやりと尊敬とによって，健全な家族を築いていこう。

家族は，本来深い愛情でつながっているものであるが，親しさのあまり感情を露骨に表わして，ともすれば他人どうしの場合よりもかえって気まずい空気をかもし出しがちである。

このようなことを反省して，お互の立場を理解することに努め，許しあい，いたわりあって，暖かく健全な家庭を築いていこう。

（2） お互に信頼しあい，きまりや約束を守って，集団生活の向上に努めよう。(以下略)

（3） 狭い仲間意識にとらわれないで，より大きな集団の成員であるという自覚をもって行動しよう。

社会には，それぞれ目標や立場の違う多くの集団がある。われわれは自分の集団の目標や立場だけにとらわれがちであるが，そうすると，他の集団との間に利害の対立や，考え方の相違に基く争いが起りやすい。このような集団的利己主義を反省して，他の集団に対する理解を深め，お互により大きな集団の成員でもあるという自覚をもって連帯共同の実をあげるように努めよう。

（4） 悪を悪としてはっきりとらえ，決然と退ける強い意志や態度を築いていこう。

社会生活の中で，人は多くの悪に直面しないわけにはいかない。われわれは誘惑を受ければ，悪に陥りやすい弱さをもち，また，集団の中においては，友情や義理の名のもとに悪に引きずり込まれたり，悪を見のがしたりするものであるが，悪を悪としてはっきりとらえ，勇気をもってこれに臨む強い意志や態度を築くことに努めるとともに，みんなで力を合わせて悪を退けるくふうを続けていこう

（5） 正義を愛し，理想の社会の実現に向かって，理性的，平和的な態度で努力していこう。

正義が支配する理想の社会をつくることは，これまでも人間が絶えず願ってきたことである。しかし，人はとかく自己のいだく思想や所属する集団の立場からのみ，何が正義であるかを判断しがちであり，そのような考え方から専制や暴力や過激な感情も正当化されやすい。 (以下略)

（6） 国民としての自覚を高めるとともに，国際理解，人類愛の精神をつちかっていこう。

われわれが，国民として国土や同胞に親しみを感じ，文化的伝統を敬愛するのは自然の情である。この心情を正しく育成し，よりよい国家の建設に努めよう。

しかし，愛国心は往々にして民族的偏見や排他的感情につらなりやすいものであることを考えて，これを戒めよう。そして，世界の他の国々や民族文化を正しく理解し，人類愛の精神をつちかいながら，お互に特色ある文化を創造して，国際社会の一員として誇ることのできる存在となろう。

道徳教育の指導計画や指導上の留意事項についても変化が見られる。1958（昭和 33）年の「第３　指導計画作成および指導上の留意事項」では「**8　指導にあたっては，生徒の経験や関心を考慮し，なるべくその具体的な生活に即しながら，**討議（作文などの利用を含む），問答，説話，読み物の利用，視聴覚教材の利用，劇化，実践活動など種々な方法を適切に用い，**一方的な教授や，単なる徳目の解説に終ることのないように特に注意**しなければならない。」と記載があるが、1968（昭和 43）年の指導要領では「第３　指導計画の作成と内容の取り扱い」において「(3)　主題を設定するに当たっては，生徒の経験や関心を考慮し，**その具体的な生活との関連**で，読み物資料，視聴覚教材などを適宜用いること。」と記述され、生徒自身の具体的な生活をもとにして道徳教育をしようという姿勢が弱められている。1977（昭和 52）年以降は、ほぼ「指導計画は，地域や生徒の**実態に応じて具体的に作成**するものであるが，固定的なものと考えず，必要に応じて弾力性をもたせるようにする」と同趣旨のものになる。

この1958(昭和33)年の学習指導要領改訂では「道徳の時間」設置によって**「道徳，特別教育活動および学校行事等」という章が設定され、第1節　道徳　　第2節　特別教育活動　第3節　学校行事等　　の構成となった。(小学校・中学校通じて「特別教育活動」と呼称統一)**

以下、第3節の一部分を引用する。

第3節　学校行事等

第1　目　　標

学校行事等は，各教科，道徳および特別教育活動のほかに，これらとあいまって小学校教育の目標を達成するために，学校が計画し実施する教育活動とし，児童の心身の健全な発達を図り，あわせて学校生活の充実と発展に資する。

第2　内　　容

学校行事等においては，**儀式，学芸的行事，保健体育的行事，遠足，学校給食その他上記の目標を達成する教育活動**を適宜行うものとする。

第3　指導計画作成および指導上の留意事項 においては

「5　国民の祝日などにおいて儀式などを行う場合には，児童に対してこれらの祝日などの意義を理解させるとともに，**国旗を掲揚し，君が代をせい唱**させることが望ましい。」という記載がされる。

これ以降30年以上は、国民の祝日という特別な場での儀式において国旗掲揚、君が代(後になり国歌と呼称)斉唱が「望ましい」という記載であったものが、1989年に一気にすべての入学式・卒業式においての国旗掲揚・国歌斉唱が義務化されたのである。

あまりにも急激な変化であったことと同時に、歴史的経過を踏まえると儀式の場において国家を強調することに対して教育現場では抵抗感・反発もあった。しかし、その後も時間をかけて国旗掲揚・国歌斉唱は全ての学校に徹底されるに至る。

こうした経過を考えても、儀式的行事は、子どもたちの「自主的活動」「特別活動」というよりは道徳教育に近いといえる。

今日でも入学式や卒業式には大勢の来賓が列席する。こうした行事は子どもたちが世話になる、あるいは世話になった人々を招き、みんなで学校生活の節目を確認し祝福する場にはちがいない。しかし明治期以来、儀式＝権威維持の意味合いは今日にいたるまで変化していない。学校の主人公が誰なのか。国家や地域の大人なのか、それとも子どもたち自身なのか。いつの時代も儀式的行事のあり方はそのバランスを示すバロメーターになる。 7)

上記の指摘のように、いつの時代にも「バランスを示すバロメーターになる」という点において今後とも儀式的行事にも注視したい。

※2　1989 年指導要領改訂後

道徳教育の内容項目について、1970 年代までに告示された指導要領では小学校・中学校とも羅列される形式のものであったが、**1989(平成元)年告示のもの**から、いっせいに**「4 つの視点」**(「主として自分自身に関すること」「主として他の人とのかかわりに関すること」「主として自然や崇高なものとのかかわりに関すること」「主として集団や社会とのかかわりに関すること」)による構成となる。同時に、家族や学校に関する記述において大きな変化が見られる。1970 年代までは、家族や学校に対してその構成員に対する尊敬や感謝、敬愛の気持を深める記述は存在しても、特定の者に対する表現ではなかった。

しかし、1989(平成元)年告示の指導要領では、小学校・中学校ともに「主として集団や社会とのかかわりに関すること」の項目で「父母への敬愛」「先生(教師)への敬愛」が明示されるのである。「先生や学校の人々」というような形で、先生とその構成員とが並列的とされるような表現にはなっているが、4 つの視点が導入されることによって**「集団や社会とのかかわり」**が目立つ形式となったと同時に、**「父母や先生への敬愛」**という具体的な敬愛対象が明示されることにより、以前の指導要領に対比すれば、集団を尊重し、そのうえで該当集団の中でも立場が上のものを敬愛しよう一という要素が強められたことは明らかである。

さらに、「特別活動」はもともと道徳教育とは関係の深い教育領域ではあるが、この**1989(平成元)年告示**において、「特別活動」における国旗・国家の義務化がなされている。

1970 年代までの「特別活動」の指導要領では**「国民の祝日などにおいて儀式などを行う場合には，生徒に対してこれらの祝日などの意義を理解させるとともに，国旗を掲揚し，国歌を斉唱(せいしょう)させることが望ましい。」**とされていたものが、1989(平成元)年告示の指導要領では「入学式や卒業式などにおいては、その意義を踏まえ、国旗を掲揚するとともに、国歌を斉唱するよう指導するものとする」と大幅に変更される。

国民の祝日などにおける儀式という極めて限定された場における国旗掲揚・国歌斉唱が、すべての学校で実施されている一般的な「入学式」「卒業式」における国旗掲揚・国歌斉唱に変更され、しかも、「望ましい」という表現であったものが、「指導するものとする」という拘束力を持った強い表現に変えられたのである。このように考えると、1989(平成元)年告示の指導要領では、家族や学校・国家等様々なレベルでの「集団尊重」「集団の中でのシンボル的なものの尊重」ということが道徳でも特別活動でも強化されていると読み取ることができる。

また、「学習指導要領**(試案)**」と表現され、「これまでとかく上の方からきめて与えられたことを，どこまでもそのとおりに実行するといった画一的な傾きのあったのが，こんどはむしろ下の方からみんなの力で，いろいろと，作りあげて行くようになって来た」とも表現されていた時代に対比したとき、国旗掲揚・国歌斉唱が学校現場の義務とされていく動きは、まさしく「上の方からきめて与えられたことを、そのとおりに実行する画一的」なものであると分析することもできる。

1989(平成元)年告示の指導要領から、**「奉仕」**という表現が初めて登場する。「公私の別をわきまえ，公共の福祉を重んじ，社会連帯の自覚をもって理想の社会の実現に尽くす。」「公徳心を伸ばし，公共の福祉と社会の発展のために力を尽くす」「日本人としての自覚をもって国を愛し，国家の発展に尽くすとともに，人類の福祉に寄与する人間になる」等の表現は1977(昭和52)年告示の中学校学習指導要領でも登場していたが、この学習指導要領では、より踏み込んで「勤労の尊さを理解するとともに、社会への**奉仕**の気持ちを深め、進んで公共の福祉と社会の発展のために尽くすように努める。」と表現されている。

1958(昭和 33)年指導要領には存在した「集団的利己主義」への問題意識の記述が消えていき、1989(平成元)年告示以降の指導要領では「父母や先生への敬愛」が強化されていく流れのなかで、「道徳科」設置をとらえる必要もある。

2－3 「道徳科」移行まで

「道徳科」に関わる資料として文部科学省による「改訂の要点」を、以下に引用する。

3　改訂の要点
学校の教育活動全体で行う道徳教育に関わる規定を，学習指導要領「第１章　総則」に示すとともに，「第３章　特別の教科　道徳」について，次のような改善を行った。
(1)　第１　目標　略
(2)　第２　内容（前略）小学校から中学 校までの内容の体系性を高めるとともに，構成やねらいを分かりやすく示して指導 の効果を上げるなどの観点から，それぞれの内容項目に手掛かりとなる「善悪の判 断，自律，自由と責任」などの言葉を付記した。内容項目のまとまりを示していた視点については，四つの視点によって内容項目 を構成して示すという考え方は従前どおりとしつつ，これまで**「１　主として自分自身に関すること」「２　主として他の人との関わりに関すること」「３　主として自然や崇高なものとの関わりに関すること」「４　主として集団や社会との関わりに関すること」の順序で示していた視点を，児童にとっての対象の広がりに即して 整理し，「Ａ　主として自分自身に関すること」「Ｂ　主として人との関わりに関す ること」「Ｃ　主として集団や社会との関わりに関すること」「Ｄ　主として生命や 自然，崇高なものとの関わりに関すること」として順序を改めた**。

上述されているように、今回の改訂では従来の「4つの視点」の順序が変更されている。「自分自身」→「(他の)人との関わり」→「集団や社会との関わり」という視点の広がりから考えれば、順序だけをとらえると道徳科の方が自然な形とはいえる。以下、それぞれの項目で変化した箇所についての記述を引用する。

A 主として自分自身に関すること に大きな変化はない。

B 主として人との関わりに関すること

○ 第1学年及び第2学年

(ア) 略

(イ) 感謝の対象を具体化するために「日ごろ世話になっている人々」を**「家族など**日頃世話になっている人々」に改めた。

○ 第3学年及び第4学年

(ア) 主体的に人との関わりを捉えることができるようにするために,「生活を支えている人々や高齢者」を「**家族など**生活を支えてくれている人々や現在の生 活を築いてくれた高齢者」に改めた。

(イ) 自分と異なる立場や考え方などを理解して，望ましい人間関係を構築できる ようにすることを重視(以下略)

○ 第5学年及び第6学年

(ア) 現在の生活への感謝の念を深められるようにするために「人々の支え合い」を「**家族や過去からの多くの人々**の支え合い」に改めた。

(イ) (前略)「男女仲よく協力し助け合う」を「異性についても理解しながら，人間関係を築いていく」に改めた。

(ウ) 自らの考えをもって他の立場や考えを受け入れることを重視(以下略)

C 主として集団や社会との関わりに関すること

○ 第1学年及び第2学年

(ア) 略

(イ) 公共の精神の素地を養う(略)

(ウ) 家族の一員として自覚が芽生えるようにするために「家族の役に立つ喜びを知る」を**「家族の役に立つ」**に改めた。

(エ) 国との関わりを深められるようにするために「郷土の文化や生活に親しみ」 を**「我が国や**郷土の文化と生活に親しみ」に改めた。

(オ) これからのグローバル化に対応する素地を培う(以下略)

○ 第3学年及び第4学年

(ア) 主体性をもってきまりや規則を守ることを重視(以下略)

(イ) 差別や偏見をもつことなく，より一層集団や社会との関わりをもてるようにする(以下略)

(ウ) 自分と学校との関わりについても考えられるようにするために「楽しい学級をつくる」を「楽しい学級や**学校**をつくる」に改めた。

(エ) 郷土及び国との関わりに関する内容を統合して「我が国や郷土の伝統と文化 を大切にし，国や郷土を愛する心をもつ」に改めた。

(オ) 多様な文化を尊重し，国際親善に努めることを重視(以下略)

○ 第5学年及び第6学年

(ア) 主体性をもってきまりや規則を守ることをより一層重視(以下略)

(イ) 偏見や差別を許さない態度を重視して「差別をすることや偏見をもつことなく公正，公平にし」を「差別をすることや偏見をもつことなく，公正，公平な態度で接し」に改めた。

(ウ) 奉仕の精神の涵養を重視(以下略)

(エ) 「身近な集団に進んで参加し，自分の役割を自覚し，協力して主体的に責任 を果たす」ことは，集団や社会との関わりに関するいずれの内容にも関係するため，この趣旨を**学校との関わり**に関する内容に含めた。
(ｵ) 学級生活の充実及び学校の様々な集団における役割遂行を重視して「みんな で協力し合いよりよい校風をつくる」を「みんなで協力し合ってよりよい学級や**学校**をつくるとともに，様々な集団の中での自分の役割を自覚して**集団生活** の充実に努める」に改めた。
(ｶ) 日本人としての帰属意識及び社会的な広がりを再考して「郷土や我が国」「郷 土や国」を**「我が国や郷土」「国や郷土」**に改めた。
(ｷ) 多様な文化を尊重し，国際親善に努めることを重視(以下略)

D 主として生命や自然，崇高なものとの関わりに関すること

○ 第1学年及び第2学年

(ｱ) 生きていることの 証 を実感(以下略)

○ 第3学年及び第4学年

(ｱ) 生命の尊さを自分との関わりで理解できる(以下略)
(ｲ) 自然との関わりを明確にする(以下略)

○ 第5学年及び第6学年

(ｱ) 生命のかけがえのなさについての理解を深められるようにする(以下略)
(ｲ) 畏敬の念の対象を広く捉えられるようにするために「美しいもの」を「美しいものや気高いもの」に改めた。
(ｳ) 人間としてのよさを見いだしていくことができるようにするために「よりよく生きようとする人間の強さや気高さを理解し，人間として生きる喜びを感じること」を加えた。

中学校

A 主として自分自身に関すること　略

B 主として人との関わりに関すること　略。

C 主として集団や社会との関わりに関すること

(ア) 「遵法精神，公徳心」について，主体性をもって法やきまりを守ることを一層重視(以下略)

(イ) 「勤労」について，勤労の貴さや意義の理解を一層重視(以下略)

(ウ) 「よりよい学校生活，集団生活の充実」について，より体系的・系統的に指導ができるよう，従前の 4－(4)及び 4－(7)を統合するとともに，集団における役割遂行を重視(以下略)

(エ) 「郷土の伝統と文化の尊重，郷土を愛する態度」について，郷土への帰属意識を再考して，従前の 4－(8)に「郷土の伝統と文化を大切にし」及び「進んで」を加えた。

(オ) 「我が国の伝統と文化の尊重，国を愛する態度」について，日本人としての帰属意識を再考するとともに，新しい文化の創造と社会の発展に貢献しうる能力を一層重視して，従前の 4－(9)に**「国家**及び社会の形成者として」を加えた。

(カ) 「国際理解，国際貢献」について，多様な文化を尊重し，国際親善に努めることを重視(以下略)

D 主として生命や自然，崇高なものとの関わりに関すること

(ア) 「生命の尊さ」について，生命のかけがえのなさについて理解を深められるようにするため，従前の 3－(1)に，「その連続性や有限性なども含めて理解し」を加えた。

(イ) 「自然愛護」及び「感動，畏敬の念」について，より体系的・系統的に指導ができるよう，従前の 3－(2)を分割するとともに「自然の崇高さを知り，自然環境を大切にすることの意義を理解」を加えた。

(ウ) 「よりよく生きる喜び」について，人間の気高く生きようとする心をしっかりと把握した上で喜びを見いだすことができるよう，従前の「強さや気高さがあることを信じて」を「強さや気高く生きようとする心があることを理解し」に改めた。

「自分自身」の項目では目立った大きな変化はないので省略した。

「(他の)人との関わり」の項目を見ると、感謝の対象を具体化するために「家族」という記述が追加されている箇所がいくつかある。また、「集団や社会との関わり」では、小学校低学年において「家族の役に立つ喜びを知る」から「家族の役に立つ」へと細かな変化ではあるが、**「家族への貢献」**というニュアンスが強められているのと、「学校」という具体的な記述が何箇所かで追加され、学校という集団との関わりが強調されるようになっており、「(他の)人との関わり」の項目で家族が強調されていることと相似をなす。さらに、「郷土や我が国」「郷土や国」という記述について、語順が入れ替わり、**「我が国や郷土」「国や郷土」**に改められることによって微妙に「国」が強調されている。

以上のように文言を確認していくと、道徳科では、全体として**「家族」「学校」「国」**という集団が強調される表現となっている。また、小学校・中学校とも一番最後の項目で「人間には自らの弱さや醜さを克服する強さや気高さがあることを信じて」が「人間には自らの弱さや醜さを克服する強さや気高く生きようとする心があることを理解し」と変更され、「弱さや醜さを克服する強さや気高さ」はその存在を「信じる」対象ではなくなり、存在は前提となっていて、そのことを「理解」する対象とされている。1969(昭和 44)年告示の中学校道徳指導要領においては「人間が、その一面にもつ弱さや醜さとともに、多面に示す強さやけだかさへの共感と自覚を通して、人間を愛する精神を深めていく」という記述で「弱さと醜さ」と「強さやけだかさ」とが並立的であったのに対比すると、「強さやけだかさ」が強められ、あるべき理想の姿が強調される表現となっている。

「道徳科」については、教科化という問題点や内面への評価という問題等様々な切り口から論じられているが、道徳教育の指導要領の記述の変化を見れば、1958(昭和 33)年以降、家族や学校、国家の尊重―特に、父母・先生への敬愛が強められ、逆に「集団的利己主義」等の集団尊重の問題点という面にはあまり触れられなくなっている。こどもたちの現実に直面した道徳教育というよりは、あるべき姿や理想の姿が強調される道徳教育に変化している文脈のなかで、道徳科を分析する視点も必要である。

注

1)2)　**品川哲彦『倫理学入門』中公新書 2020　p2**

3)4)　伊藤亜紗『手の倫理』講談社　2020　p34

5)　鈴木康裕「学校行事と特別活動」『特別活動』学文社　2008　p77

6)　「昔はよかった」と言うけれど　大倉幸弘　新評論　2013 年 p210

7)　鈴木康裕　前掲書　p77

「道徳科」最新の学習指導要領　本文については、第 3 章の末尾―p113　に掲載した

スピーチをする場合の参考にして欲しい。

P92

自分自身が大事に考えているメッセージが含まれるドラマ・歌詞

道徳の理想がぶつかり合っている事例

受講者と共有したい社会問題や課題

SDG s に関わる問題　などなど・・・・

・・・第２章・・・
社会と倫理

第1節　「社会と倫理」ガイダンス

講義「社会と倫理」内容の概要については、下記のように説明されている。

本学の育成するデザイナー像は、仕事の結果に対する倫理的責任を強く持ちながら、変化する社会の要請に対して敏感に反応し対応する、社会とともにあるデザイナーの育成を目指している。

ここでは、我々が個人としての活動に責任を持つとともに、日常的なデザイン行為や使用している技術、**社会的な規範に反しないよう高い倫理性**を持って監視する姿勢を持つことが必要で、これは、健全な社会を維持していくために重要な行為である。

そして近い将来、専門的な職業人として属する企業や起業する個人としても、単に利益を追求するばかりではなく、**企業の組織的活動が社会に与える影響**にも責任を持ち、社会の発展に貢献するために遵守を求められる規範についてまず注視することが求められる。

この授業では個々人や組織が社会において求められる**倫理性について事例を挙げて説明**するとともに、同時に存在する法との類似点・相違点を意識しながら理解を深めていく。さらに、我々が将来に向かって、困難な問題を克服し、**持続可能な社会**を維持していくために求められるこれからの視点についても、考察していく。

ここでは、特に下記の 3 点に留意したい。

①単に利益を 追求するばかりでなく、企業の組織的活動が社会に与える影響にも責任を持ち、社会の発展に 貢献するために遵守を求められる規範について、まず注視
②個々人や組織が社会において求められる**倫理性**について事例を挙げて説明するとともに、
同時に存在する法との類似点・相違点を意識しながら理解を深めていく。
③我々が将来に 向かって、困難な問題を克服し、持続可能な社会を維持していくために求められるこれからの 視点についても、考察

以下、シラバスも紹介しよう。

ガイダンス
授業の進め方、授業中の禁止事項、単位認定の方針・方法について説明を行う。倫理（道徳）とはどのようなものかについて、受講者との質疑応答を通じて考察を深めていく。
比較軸としての法とは？
倫理（道徳）などを具体的に考えていくための物差しとして、法というものについての考察を深める。どのような法が存在しているのか、という問題について、理解を深める。
法へのアプローチ
法そのものは目に見えるものではないが、違反に対しては重大な効果（制裁）が生ずることも珍しくない。そこで、こうした法の

姿を把握するための手法について、理解を深める。

法の果たす機能

国家が倫理を個人に押しつけることは出来ないが、法の違反に対しては制裁を加えることがある。現代社会において法が果たす役割について、理解を深める。

法と倫理・道徳　その類似点と相違点

個々人や企業も倫理や法を念頭に置いた行動が求められるが、いやがおうにもそれらを突きつけられる場面が存在する。典型的な事例を挙げながら、渦中の当事者の置かれた状況について理解を深めることで、法と道徳・倫理の類似点と相違点について理解を深める。

法と正義

法というのはルール化する場面で、社会に存在する全員の意見と一致したものとはなり得ない宿命がある。法においては許されざる行為であっても、一定の立場からは正義ということがありうる。正義とは何かという点について、過去の議論を参照しながら理解を深める。

経済活動を巡る倫理と法　1

経済活動を巡って求められる倫理と法についての概要を理解。

経済活動を巡る倫理と法　2

近時のコーポレートガバナンス論について説明した上で、企業の経済活動にあたって求められる倫理と法について考える。

経済活動を巡る倫理と法　3

企業・個人が経済活動をする上で倫理・法を遵守しなかった場合にどのような社会からの反応があるのかについて、実例を挙げながら状況を把握する。

法律ではない規範　ソフトロー

法律というものとそれ以外の規範について、ソフトローについて説明した上で、規範の多様性について考察を深めるとともに、それと倫理・道徳との関係を理解する。

ソフトローの実際

社会に存在するソフトローの具体的な例について言及しながら、ソフトローが現代社会において果たす実際の役割について理解。

法令遵守（コンプライアンス）社会における倫理・道徳

近時、法令遵守（コンプライアンス）の重要性が強く叫ばれているが、その背景と実際上の困難さの要因について、法学的観点から分析を行う。

倫理・道徳と法との比較

倫理・道徳と法のそれぞれの実際上の機能領域の重なり合いを意識しながら、それぞれの特性について理解を深める。

倫理と法とが一体化する場面と、
大きく分かれる場面について、
(法学的な観点から)論理的に 説明できるようになる

第2節　倫理と法学

田中成明は、「責任・権利・義務等々、法と道徳が用いる規範的用語が同一であることは、両者の緊密な対応関係を示している」としながらも、「道義的責任と法的責任の間にはかなりずれがみられ、権利や義務についても同様」としている。

ここでは、法学に関わる用語を解説することによって、道徳や倫理を理解するためのステップとしたい。

民事裁判は基本的に私人間の紛争を解決するための裁判であり、個人や法人が訴えを提起する。 それに対して、**刑事裁判**は検察官のみが起訴する。刑事事件は罪を犯したと疑わる人に対して、有罪無罪や処罰に内容を決めるためのもので、私人による起訴はできない。

「刑事裁判にしろ、民事裁判にしろ、マスコミ報道の対象となるような出来事は、一般の人々にとっては、いずれかといえば非日常的な現象であり、一生のうちに裁判に関わり合う者は極めて少なく、ほとんどの人は裁判などに関わり合わずに一生を終える」ことが、望ましく、また、普通なことであるとする一方で、下記のようにまとめている。

> だからと言って、法などは自分に関係のないものだと、敬して遠ざけてしまうのは早計である。実際には、われわれが毎日平穏に暮らせるのも、反社会的な有害行為が刑法などによって実効的に抑止されており、いざというときには警察などの機関によって法的な保護・救済を受けることができる体制が整備されていることによるところが少なくないのである。それどころか、日常生活における法との関わり合いを少しでも意識的に考えはじめると、どのような人でも実にさまざまな法によって行動の規制を受け生活が守られていることがすぐにわかるはずである。[1)]

民事と刑事とで判断が大きく異なった最近の事例（伊藤詩織さんの裁判）を紹介することによって、両者の違いについて考察したい。

伊藤詩織さんに関わる裁判事例

2015 年にフリージャーナリストの伊藤詩織が元 TBS テレビ報道

局記者の山口敬之から準強姦（心神喪失・抗拒不能に乗じ、又は心神喪失・抗拒不能にさせての性交）の被害を受けたと訴えた事件である。

山口敬之は安倍晋三首相に最も近いジャーナリストとされ、衆議院解散を決断した安倍首相が書き上げたばかりの演説草稿を読み聞かせるほど信頼を寄せる関係だったとされる。

刑事事件としての経過

伊藤が、当該事件（2015 年 4 月 3 日）について警視庁高輪警察署（高輪署）に提出した被害届（準強姦罪）を、高輪署が 2015 年 4 月 30 日に受理したことで当該事件についての刑事手続が始まり、当初捜査を担当していた高輪署の捜査員は山口氏の逮捕状をとり、2015 年 6 月 8 日、山口氏を逮捕すべく複数の捜査員が成田空港で山口氏の帰国を待ち構えていた。

しかし、この逮捕直前に上層部からストップがかかる。逮捕取りやめを指示したのは当時の中村格・警視庁刑事部長であり、官邸中枢と近い警察官僚の指示により、山口氏は逮捕をまぬがれた。

しかも、山口氏の逮捕が取りやめになったあと、この高輪署の捜査員は担当から外され、結果的に事件は 2015 年 8 月 26 日に書類送検されたが、山口氏は翌年 7 月 22 日付けで嫌疑不十分で不起訴処分になる。2016 年 7 月 22 日に東京地検は「嫌疑不十分」を理由として山口を不起訴処分とし、当該事件についての通常の刑事手続を終結した。

民事訴訟としての経過

伊藤は、「同意のない性行為」について山口に 1100 万円の損害賠償金の支払を求める当該事件についての民事訴訟を、2017 年 9 月 28

日に東京地方裁判所（東京地裁）に提起した。2019 年 12 月 18 日、東京地裁は、「同意のない性行為」について 330 万円の損害賠償金の支払を山口に命じる一審判決（伊藤の勝訴判決）を下した。

2022 年 12 月 18 日、東京高等裁判所（東京高裁）は「同意のない性行為」について、332 万円の損害賠償金の支払を山口に命じる二審判決（伊藤の勝訴判決）を下した。2022 年 7 月 8 日に最高裁判所が山口の上告を退けたことで、「同意のない性行為」について 332 万円の損害賠償金の支払を山口に命じる二審判決（伊藤の勝訴判決）が確定し、当該事件についての民事訴訟が終結した。

検察(国)が責任を持つ訴訟であるので、刑事裁判には慎重さが必要であるが、一方で政治の影響を訴訟の流れに影響を及ぼす可能性がゼロとは言えない。

以下、もともとは講義「社会の倫理」のテキストにされていた『法学入門』からキーワードを紹介・説明しておこう。(　)は『法学入門』での参照ページである。

1 刑事裁判　訴えるのは検察のみ　犯罪者が訴えられる立場　被告人　国による処罰
2 民事裁判　私人間のトラブル　原告と被告

法の全体的な仕組み
3 規範的側面　憲法や法律などの条文の規定内容
4 制度的側面　法の成立・運用・執行機関、独立の裁判所
5 技術的側面　専門的な法の解釈　運用の技法　法律学
6 主体的側面　裁判官・検察官・弁護士

7 法は不要か(p9)　　性善説か性悪説か　文化や思想によっても必要性は異なる　トラブルの解決指針
8 法は万能か(p11)　法に価値→西洋的発想　　日本→伝統的法文化の影響が強い

　一般に、法というものを至上視して、社会倫理や政治社会に関するあらゆる問題をできるだけ一般的な法的ルールの規制のもとにおき、権利義務の問題としてとらえ、裁判などの法的規準・手続きによって処理することをよしとする考え方は、西欧では「リーガリズム(legalism)」と呼ばれている。[2)]

　上記で田中が指摘している「リーガリズム」は、法が万能であるという発想に近いものと位置づけられる。
　法の存在形式は、一般に**「法源」**と呼ばれ、何が法源かについては、それぞれの時代や国家によってかなり違いがある。
　法源の問題は、「法による裁判」が要請されている法システムのもとでは、裁判官が判決を正当化するにあたって準拠すべき権威主義的規準・理由は何かという問題を中心に論じられている。このような法源は、通常、文字・文章で表現され所定の手続きに従って成立する**「成文法」**と、社会における実践的慣行を基礎として生成する**「不文法」**とに大別されている。

9 法源(p16)　　法の存在形式
10 成文法　　憲法・法律・命令・条例・・・
11 不文法　　慣習法

法の社会的機能(p35)

12 社会統制機能　逸脱行動を刑罰等で規制
13 活動促進機能　商行為について定める商法など
14 紛争解決機能　裁判所による　法的紛争解決
15 資源配分機能　環境基本法　都市計画法　など

犯罪と刑罰(p59)
16 犯罪の概念　罪刑法定主義—法律なければ犯罪無し
17 刑罰制度　　死刑制度　罰金刑　をめぐる議論

刑罰の性質とその正当化
18 応報刑論　犯罪を犯したことに対する当然の扱い
19 目的刑論　犯罪を抑止する効果をもたらす

応報刑論が、「過去志向的」であるのに対して、「**目的刑論**」は「自己目的的なものではなく、犯罪の抑止という目的・効果をもつが故に正当化されるとみる将来志向的なもの」であると田中はまとめている。

目的刑論は、刑罰の規定自体や犯罪者へのその宣告・執行によって、一般の人々が犯罪を行わないようにするという効果を重視する「一般予防論」と、刑罰の執行事態や教育・改善によって、犯罪者自身を社会復帰させ再犯を防止するという効果を重視する「特別予防論」に分かれている。

法と道徳の関係(p71)
P72
20 自然法論　道徳的に正しい方　「悪法は法にあらず」
21 法実証主義　正当な権限を持つ機関が所定の手続きにのっと

れば「悪法も法」

自然法論は、「現に行われている人間の作った実定法の他に、実定法の効力・拘束力を基礎づけその正・不正を識別する自然法が「高次の法」として存在し、このような自然法は、神の意志、人間の理性や本性などに基づいており、人間の意志によって左右できないものとみる見解」であり、自然法に反する実定法は、原則として、法的拘束力はもたず、人々はそれに従う義務もないとされ、**「悪法は法にあらず」**と主張される。

対して、**法実証主義**は、「正統な権限をもつ機関が所定の手続きにのっとって制定した法律は、その**道徳的な内容如何を問わず、法的効力をもち、人々を拘束するとみる見解**」であり、法実証主義においては、自然法の法的資格は否定され、人間の作った実定法だけが法であるとされ、**「悪法もまた法なり」**と主張される。

22 法的パターナリズム(P81) 強い立場の者が弱い立場の者に介入・干渉・支援

パターナリズム(paternalism)は、「父親の干渉(保護・温情)主義」などと訳され、親が子の保護のために干渉するという関係が分かりやすい。教員と生徒との関係や、医師と患者との関係でも見られる場合がある。こどもの保護という理由で親が「門限」の設定によってこどもの自由を制限する。または、「生活の乱れを防ぐ」という理由で、教員が生徒のバイトを禁止したり、校則で生徒の自由を制限したりする場合もある。

「法的パターナリズム」では、「国家などの公権力機関が法的規制によって個人に対して干渉することの当否」が問題となる。法的パターナリズムにはさまざまな形態のものがあり、パターナリズムに正当化理由や境界事例の理解の仕方との関連で見解が微妙に分かれている。

パターナリズムに共通の基本的特質は「本人自身の保護のため」という理由で本人の自由に干渉するという点にあるとみるのが一般的見解である。その具体例としては、「オートバイの運転者にヘルメットの着用を義務づけたり、自動車の運転者にシートベルトの着用を義務づけたりすることなどがわかりやすい。

個人道徳と社会道徳

法と独特の区別が強調される場合には、主として**個人道徳**が念頭におかれるのに対して、法と道徳の統一や関連づけ、「法の倫理化」が強調される場合に念頭におかれているのは、**社会道徳**ないし**社会倫理**である。

法と道徳の区別や関連をめぐる議論が紛糾しているのは、一口に道徳と言っても、多種多様な道徳があることに加えて、各論者によって道徳の概念や内容の理解が異なっていることによる場合が多く、法でないものがすべて道徳という名のもとに論じられているきらいすらある。問題領域ごとに道徳の多様な存在形態を区別して論じなければならないが、多くの問題領域において最もよく用いられているのは、個人道徳と社会道徳の区分であろう。[3)]

上記のように田中は「個人道徳と社会道徳の区分」を重要性を指摘したうえで、「大雑把」という前提で、**個人道徳**は、「個人の道徳的な生き方に関する価値観」であり、個人の多くの良心や自律的選択など、「内面的・主観的心情」に重心があり、各人のいだく道徳的理想の独自性と多様性を尊重する。

社会道徳は、「社会成員によって相互の外面的行動を規律するもの」として一般的に受容され共有されている「客観的な道徳規範・原理」であり、一定の社会的サンクションによって裏打ちされ、「社会の存立にとって不可欠ないし重要」とみなされていることが多い。

法律と倫理—道徳との関係については以下のようにまとめられる。

> 法は、通常、個人道徳には立ち入らず、**社会道徳**と基本的なところで合致していることが望ましいとされている。法と社会道徳との関係については、刑法が基本的な社会倫理を維持するためのものだと一般的にみられており、また、「法は倫理の最小限」というドイツの法学者G．イエリネックの見解がよく引用される。イエリネックは、個人倫理を偏重する近代倫理を批判し、社会倫理の基底的意義を強調したうえで、法は、客観的に、社会の存立のための必要な最小限の社会倫理しか要求せず、主観的にも、倫理的心情の最小限で満足するという、二重の意味で「倫理的最小限」だと主張した。[4]

法などの規制なしに、個人個人が自由にそれぞれの善き生き方を選択でき多様な個性が尊重される公正な社会が実現できれば、もっとも理想的なありかただといえる。しかし、社会の仕組みが複雑化し、個人の価値観の多元化や利害関心の多様化が現代ほど進行してしまうと、このような理想の実現は簡単ではなく、一般的なルールと公正な手続きに従って利害調整や紛争解決をはかる一つの制度的な仕組みとして法システムが不可欠となる。

田中が強調するように、このような法システムも決して万能ではなく、一定のメリットがあれば、同時にデメリットも伴っている。しかし、社会に生じるさまざまな問題のなかには——「数」や「力」や「利」の論理——ではなく、一定の原理・ルールや権利義務などの概念を規準として、何が正しいのか、何が理に適っているのかということを物事の決め手とする——「正」や「理」の論理——にこだわるべき領域が存在しているのであり、このことが倫理にも結びつく。

法の社会的存在理由は、基本的には、正しいもの・理に適ったものを共通の基準として、意見や利害を異にする人々が共存し共生するための制度的枠組みを確立し維持することにある。法を、国家が制定し運用する強制的権力的な命令・裁定システムとしてではなく、個人個人が自分たち自身のものと考えて自主的な行動調整のために用いることができるような状況を創り出すことが、**「法の支配」**の理想なのである——という田中の言葉でまとめとしたい。

【参考】

親族が、容疑者をかばう行為をどう考えるか。(刑法 105 条)

第 103 条

罰金以上の刑に当たる罪を犯した者又は拘禁中に逃走した者を蔵匿し、又は隠避させた者は、3 年以下の懲役又は 30 万円以下の罰金に処する。

第 104 条

他人の刑事事件に関する証拠を隠滅し、偽造し、若しくは変造し、又は偽造若しくは変造の証拠を使用した者は、2 年以下の懲役又は

20 万円以下の罰金に処する。
（親族による犯罪に関する特例）
第 105 条　前二条の罪については、犯人又は逃走した者の親族がこれらの者の利益のために犯したときは、その刑を免除することができる。

法律の最も基盤となるのは憲法であるが、視聴覚教材としては

『日本国憲法誕生(NHK)　2007 年』を紹介したい。

ポツダム宣言受諾から始まった憲法改正の経過が、極東委員会と天皇制をめぐる状況を背景に説明される。

条文をめぐる政府と GHQ の徹夜交渉等がドラマで再現されるが、戦争放棄の 9 条をめぐる文言の修正や、追加された「生存権」(25 条)と「義務教育の無償化」(26 条)等が特に興味深い。文言が変更された結果として「自衛のための武装」が認められる余地が生じた経緯は現代にもつながる大きな課題である。

この教材で取り上げられている、憲法「前文」から 26 条までを下記に引用しておこう。

日本国憲法　前文

日本国民は、正当に選挙された国会における代表者を通じて行動し、われらとわれらの子孫のために、諸国民との協和による成果と、わが国全土にわたつて自由のもたらす恵沢を確保し、政府の行為によつて再び戦争の惨禍が起ることのないやうにすることを決意し、ここに主権が国民に存することを宣言し、この憲法を確定する。そも

そも国政は、国民の厳粛な信託によるものであつて、その権威は国民に由来し、その権力は国民の代表者がこれを行使し、その福利は国民がこれを享受する。これは人類普遍の原理であり、この憲法は、かかる原理に基くものである。われらは、これに反する一切の憲法、法令及び詔勅を排除する。

日本国民は、恒久の平和を念願し、人間相互の関係を支配する崇高な理想を深く自覚するのであつて、平和を愛する諸国民の公正と信義に信頼して、われらの安全と生存を保持しようと決意した。われらは、平和を維持し、専制と隷従、圧迫と偏狭を地上から永遠に除去しようと努めてゐる国際社会において、名誉ある地位を占めたいと思ふ。われらは、全世界の国民が、ひとしく恐怖と欠乏から免かれ、平和のうちに生存する権利を有することを確認する。

われらは、いづれの国家も、自国のことのみに専念して他国を無視してはならないのであつて、**政治道徳の法則は、普遍的なものであり**、この法則に従ふことは、自国の主権を維持し、他国と対等関係に立たうとする各国の責務であると信ずる。

日本国民は、国家の名誉にかけ、全力をあげてこの崇高な理想と目的を達成することを誓ふ。

第一章　天皇

第一条　天皇は、日本国の象徴であり日本国民統合の象徴であつて、この地位は、主権の存する日本国民の総意に基く。
第二条　皇位は、世襲のものであつて、国会の議決した皇室典範の定めるところにより、これを継承する。
第三条　天皇の国事に関するすべての行為には、内閣の助言と承認を必要とし、内閣が、その責任を負ふ。

第四条　天皇は、この憲法の定める国事に関する行為のみを行ひ、国政に関する権能を有しない。
(2) 天皇は、法律の定めるところにより、その国事に関する行為を委任することができる。
第五条　皇室典範の定めるところにより摂政を置くときは、摂政は、天皇の名でその国事に関する行為を行ふ。この場合には、前条第一項の規定を準用する。
第六条　天皇は、国会の指名に基いて、内閣総理大臣を任命する。
(2) 天皇は、内閣の指名に基いて、最高裁判所の長たる裁判官を任命する。
第七条　天皇は、内閣の助言と承認により、国民のために、左の国事に関する行為を行ふ。
　一　憲法改正、法律、政令及び条約を公布すること。
　二　国会を召集すること。
　三　衆議院を解散すること。
　四　国会議員の総選挙の施行を公示すること。
　五　国務大臣及び法律の定めるその他の官吏の任免並びに全権委任状及び大使及び公使の信任状を認証すること。
　六　大赦、特赦、減刑、刑の執行の免除及び復権を認証すること。
　七　栄典を授与すること。
　八　批准書及び法律の定めるその他の外交文書を認証すること。
　九　外国の大使及び公使を接受すること。
　十　儀式を行ふこと。
第八条　皇室に財産を譲り渡し、又は皇室が、財産を譲り受け、若しくは賜与することは、国会の議決に基かなければならない。

第二章　戦争の放棄

第九条　日本国民は、正義と秩序を基調とする国際平和を誠実に希求し、国権の発動たる戦争と、武力による威嚇又は武力の行使は、国際紛争を解決する手段としては、永久にこれを放棄する。
(2)前項の目的を達するため、陸海空軍その他の戦力は、これを保持しない。国の交戦権は、これを認めない。

第三章　国民の権利及び義務

第一〇条　日本国民たる要件は、法律でこれを定める。
第一一条　国民は、すべての基本的人権の享有を妨げられない。この憲法が国民に保障する基本的人権は、侵すことのできない永久の権利として、現在及び将来の国民に与へられる。
第一二条　この憲法が国民に保障する自由及び権利は、国民の不断の努力によつて、これを保持しなければならない。又、国民は、これを濫用してはならないのであつて、常に公共の福祉のためにこれを利用する責任を負ふ。
第一三条　すべて国民は、個人として尊重される。生命、自由及び幸福追求に対する国民の権利については、公共の福祉に反しない限り、立法その他の国政の上で、最大の尊重を必要とする。
第一四条　すべて国民は、法の下に平等であつて、人種、信条、性別、社会的身分又は門地により、政治的、経済的又は社会的関係において、差別されない。
(2)華族その他の貴族の制度は、これを認めない。
(3)栄誉、勲章その他の栄典の授与は、いかなる特権も伴はない。栄典の授与は、現にこれを有し、又は将来これを受ける者の一代に限り、その効力を有する。

第一五条　公務員を選定し、及びこれを罷免することは、国民固有の権利である。
(2) すべて公務員は、全体の奉仕者であつて、一部の奉仕者ではない。
(3) 公務員の選挙については、成年者による普通選挙を保障する。
(4) すべて選挙における投票の秘密は、これを侵してはならない。選挙人は、その選択に関し公的にも私的にも責任を問はれない。
第一六条　何人も、損害の救済、公務員の罷免、法律、命令又は規則の制定、廃止又は改正その他の事項に関し、平穏に請願する権利を有し、何人も、かかる請願をしたためにいかなる差別待遇も受けない。
第一七条　何人も、公務員の不法行為により、損害を受けたときは、法律の定めるところにより、国又は公共団体に、その賠償を求めることができる。
第一八条　何人も、いかなる奴隷的拘束も受けない。又、犯罪に因る処罰の場合を除いては、その意に反する苦役に服させられない。
第一九条　思想及び良心の自由は、これを侵してはならない。
第二〇条　信教の自由は、何人に対してもこれを保障する。いかなる宗教団体も、国から特権を受け、又は政治上の権力を行使してはならない。
(2) 何人も、宗教上の行為、祝典、儀式又は行事に参加することを強制されない。
(3) 国及びその機関は、宗教教育その他いかなる宗教的活動もしてはならない。
第二一条　集会、結社及び言論、出版その他一切の表現の自由は、これを保障する。
(2) 検閲は、これをしてはならない。通信の秘密は、これを侵してはならない。

第二二条　何人も、公共の福祉に反しない限り、居住、移転及び職業選択の自由を有する。
(2)何人も、外国に移住し、又は国籍を離脱する自由を侵されない。
第二三条　学問の自由は、これを保障する。
第二四条　婚姻は、両性の合意のみに基いて成立し、夫婦が同等の権利を有することを基本として、相互の協力により、維持されなければならない。
(2)配偶者の選択、財産権、相続、住居の選定、離婚並びに婚姻及び家族に関するその他の事項に関しては、法律は、個人の尊厳と両性の本質的平等に立脚して、制定されなければならない。
第二五条　すべて国民は、健康で文化的な最低限度の生活を営む権利を有する。
(2)国は、すべての生活部面について、社会福祉、社会保障及び公衆衛生の向上及び増進に努めなければならない。
第二六条　すべて国民は、法律の定めるところにより、その能力に応じて、ひとしく教育を受ける権利を有する。
(2)すべて国民は、法律の定めるところにより、その保護する子女に普通教育を受けさせる義務を負ふ。義務教育は、これを無償とする。

第2節　倫理と経済

トマ・ピケティ『21世紀の資本』を素材にして、経済格差について社会倫理の観点から考察したい。ピケティは、パリ郊外で1971年に誕生。1989年に18歳でパリの国立高等師範学校（ENS）に進学し、経済学への関心を深めた。
22歳で富の再分配の理論研究を博士論文として提出。この論文

「富の再分配の理論についての考察（Essais sur la théorie de la redistribution des richesses)」は、フランス経済学会による 1993 年の最優秀論文賞を与えられた。『21 世紀の資本』2013 年にフランス語で公刊され、2014 年 4 月に英語訳版が発売以降世界的なベストセラーとなった。2019 年にマシュー・メトカルフ製作、ジャスティン・ペンバートン（英語版）監督で映画化されている。この映画版 DVD の山形浩生（『21 世紀の資本』の翻訳者）による解説を参考にしながら、ピケティの問題意識を整理しよう。

ピケティは格差問題に関心があり、数十年にわたり、母国フランス以外にも世界中の格差のデータを集めてまわった。これまでの格差データは限定的で、存在するものもアンケート調査に基づくものがほとんどであり、正確に答えない場合も多い。ごまかしの少ない世界の税務データを集めてまわり、これまで格差問題で重視されていた所得のデータだけでなく、相続税を元に財務についてのデータを整えた。18－19 世紀からのデータも含めて長期間のデータ収集の集大成が『21 世紀の資本』だと山形は紹介している。

そしてそのデータを見ると、どの国もとてもよく似たパターンを示している。かつて封建時代にはもちろん、格差はすさまじかった。一部の限られた貴族が地主としてほぼすべての財産を保有し、そこからの収入をほぼ独占していた。その他ほとんどの人は貧農としてカツカツの生活をしていた。財産なんて持っていないし、所得もやっと喰っていける程度だ。ちなみに、当時の「財産」とはほぼすべて土地だ。5) （山形浩生（『DVD 21 世紀の資本』による解説ブックレットから）

産業革命以降機械化の進行によって、資本の中心が土地から金へ移行していく経過は次のように説明されている。

工場が新しい資本として急激に台頭し、土地が持つ価値は相対的に下がった。それでも財産はすべて資本家が占有し、工場労働者はゴミのような生活をよぎなくされていた。

人はどんなに働いても、手元に入るお金は増えなかった。ほとんどその日暮らしだ。経済全体で均しても、収入の成長率（g＝growth）は 1－1.5％くらい。これに対して、資本家たちはおおむね手持ち財産が 4％くらいの収益 （r＝return） を生み出していた。（山形浩生　同）

資本収益率ともいえる（r）は、利潤、配当金、利息、貸出料などのように、資本から入ってくる収入のことである。そして、(g) は、給与所得などによって求められる。

『21 世紀の資本』の有名な

r ＞ g

という式について「働くより、手元の資本が勝手に増えてくれる不労所得の方が、儲けが大きい。結果として、持てる者はどんどん金持ちになり、持たざる者との格差は開く一方」と山形は解説する。

20 世紀に入り、社会全体が豊かさを増し、労働者たちの生活もだんだん改善してくる。そして、二度の世界大戦によって、多くの上場設備は戦争で破壊される。

金持ちが持っていたお金や、株や債券は大恐慌で紙くずになり、戦時中には接収されたりして、さらに戦中戦後のインフレで価値が激減した。また戦費調達のため、それまでは考えられなかったような高い所得税が課せられた。

一方、戦争に狩り出された国民は、戦後にその奉仕に対する見返りを要求した。戦争がもたらした新技術のおかげもあり、所得は急上昇、生活水準もあがった。金持ちが持っていた財産はなくなり、みんな以前に比べればずっと平等な水準で経済が動くようになった。そして残った財産／資本も、高い税金がかけられるようになり、資本からの収益は激減した。（山形浩生　同）

上記のような経過によって、第二次世界大戦後の 40 年ほど、世界は歴史的に異様な時期(財産からのあがりよりも、頑張って働くほうが収入が大きく、世界的に 4－5％というすさまじい水準の経済成長率) となり

r ＜ g　　　　　　　　が実現する。

だれでも真面目に働けば豊かになれる時代、日本でいえば、一億総中流の社会が登場する。

しかし、1980 年代から所得税、相続税が引き下げられ、労働者の雇用も不安定になり、労働者の給料は据え置かれ、福利厚生引き下げが横行し、安定していた大企業も次第に斜陽化して解雇が進む。

この動きの中で、財産も収入も、極めて限られた人々に集中するようになる。世界の経済成長率もどんどん下がる一方、お金持ちは政治にも介入して自分たちの税金を引き上げさせ、財産をカリブ海のタックスヘイブンに隠し、株屋と弁護士を駆使して法の抜け穴と有利な資産を買い増し、さらにはそれを子供に相続させ

る・・・

　　ｒ＞ｇ　の時代に戻り始めている。それに伴い、格差もだんだん開き始め、このままでは、かつてのエリート貴族社会が復活してしまうのではとピケティは問題提起する。

　こうした状況を改善し、格差を解消するために、ピケティは世界的な銀行データの開示を主張し、所得税を引き上げると同時に、すでに大きな差がついている財産にも課税しようと述べる。毎年、保有財産のある一定水準(数十億円とか)を超える部分について、１％とか２％とかの資本課税が提案されている。

　長期的にみると、資本収益率（r）は経済成長率（g）よりも大きい。資本から得られる収益率が経済成長率を上回れば上回るほど、それだけ富は資本家へ蓄積される。そして、富が公平に再分配されないと、貧困が社会や経済の不安定をもたらす。この格差を是正するために、累進課税の富裕税が提案している。

　資本主義の特徴は、資本の効率的な配分であり、公平な配分を目的としていない。富の不平等は、「富の再分配」を取り入れることで、解決することができる――というのが社会倫理から経済を考えた場合の解決策といえるが、今後も検討し続けることが必要な課題である。

ＤＶＤ「21世紀の資本」のポイント

封建時代

　1%の「貴族」と、召使か日雇い労働者で、死刑宣告されたも同然の貧困層

　勉強や努力では出世等は不可能

平均寿命は「17 歳」だったという統計も。
富裕層―貴族の関心事は、自分の財産の相続と権力を長男へ温存すること。「格差」は活気をもたらさない。

フランス革命(1789)

　銀行が政府を支配するようになり、政治・制度は変わらなかった。

産業革命

　手作業が機械化されることによって、資本の中心は　金へ
　格差を嫌う人々が移民　⇒オーストラリア・ニュージーランド・カナダ

アメリカ

　　労働力不足を補うために大量の奴隷が強制連行され「奴隷経済」がまわる。
　　黒人奴隷は資本蓄積の一部であり、担保扱いもされた。
　　※担保としての奴隷は、土地に比べると移動や転売も容易

イギリス・フランス　　　暴力的な植民地支配　大国

　ファッション(流行)・クリスマス産業による購買活動の活性化
　資本がごく一部に集中
　大英帝国が　世界の 4 分の 1 の人口

　国内不安(対立関係)の増大に対して、ナショナリズム―国家主義で解消しようとする。

⇒　第 1 次世界大戦(1914～)

　戦後　社会・経済が崩壊　⇒　税金強化
　資産階級：貴族への課税　⇒　貴族の没落へ

1920 年代の熱狂　株価の上昇

労働者へ融資　→　返済不能　大恐慌へ

規制法としての　グラス・スティーガル法(1933)

ルーズベルトの政策

共産主義の取り込み　国による富の再分配

⇒　ニューディール政策　価格統制　賃金法

ドイツ

巨額の賠償金　インフレ

ドイツを再び偉大に！　⇒　ナチスの台頭　人種差別　侵略

第 2 次世界大戦後

福利厚生の充実　—　失業手当・退職年金・各種手当

1950 年代　強い中産階級の登場　※現代は衰退傾向

努力と勤勉で生活が向上

1960 年代　公民権運動　女性解放　同性愛者の人権

1970 年代　中東戦争　原油高騰(4 倍)

労働組合による賃金アップ要求　スタグフレーション

アメリカによる資本独占の終了

⇒　ドイツ・日本の自動車産業　隆盛

1980 年代　レーガン・サッチャーの政策　再び偉大に

福祉国家への批判によって活気を

労働組合への干渉　規制緩和

1990 年代　金融　自由化

「富める者が富めば、貧しい者にも自然に富が浸透」

⇒　トリクルダウンは起こらず

アメリカ資本主義の輸出　投資銀行が派生商品

ローン偽装　サブプライムローン

2008年 リーマンショック

アメリカの心理学者　ポール・ピフ
ゲームによる実験－「金持ち」の発想
偉そうで無礼　⇒　ツキ(運)を実力と認識する
「お金は人を嫌なヤツにする」

他人を犠牲にしてでも自分優位　　自己評価上昇
脱税問題　　オフショア　ダミー会社
国家資本主義　―　中国　　1970年代末から　9倍成長

ふたたび　相続　が問題に　　　塁審資本課税
映画　**イベリウム**　　ロサンゼルス　2154年

【まとめ】

過去200年以上のデータを分析すると、資本収益率（r）は平均で年に5%程度であるが、経済成長率（g）は1%から2%の範囲で収まっている。このことから、経済的不平等が増していく基本的な力は、r＞g という不等式にまとめることができる。

資産によって得られる富の方が、労働によって得られる富よりも速く蓄積されやすいため、資産金額で見たときに上位 10%の位置にいる人のほうがより裕福になりやすく、結果として格差は拡大しやすい。また、蓄積された資産は、基本的にはそのこどもに相続されていく。

2 度の世界大戦や世界恐慌によって、上流階級が持っていた富が、失われ、戦費を調達するために、相続税や累進課税の所得税が導入され、富裕層への課税が強化された。また、第二次世界大戦後に起こった高度成長も、高い経済成長率（g）によって、相続などによる財産の重要性を減らし、経済格差は緩和された、

しかし、1970 年代後半以降、富裕層や大企業に対する減税などの政策によって、格差が再び拡大に向かう。今日の世界は、経済の大部分を相続による富が握っている「世襲制資本主義」に回帰している。今後は経済成長率が低い世界が予測されるので、資本収益率（r）は引き続き経済成長率（g）を上回る。そのため、何も対策を打たなければ、富の不平等は拡大する。

不平等を和らげる方策のひとつは、累進課税による財産税を導入し、累進所得税と組み合わせることである。オフショアを防ぐための国際条約を締結する必要もある。

市場原理主義との対比や「命の値段」という観点から、倫理と経済を考察する素材としてサンデル教授の「白熱教室」のポイントを紹介しよう。

視聴覚教材『白熱教室』2009 年

【出発点】

「多数の人間を救うために少数の人間が犠牲」をどう考えるか

ミニョネット号事件（1884 年 7 月）

船長、航海士、給仕、見習いの 4 人が遭難

→食料が尽きる／見習い船員が衰弱

→船長と航海士は 1 人を食料にしようと考える *1

→くじ引き案に給仕は反対（見習いは蚊帳の外）＊2,,3
→船長と航海士が見習いを殺害 *1
→3 人は遺体を食べ 24 日目に救出された
→船長と航海士は起訴された

船長と航海士は道徳的に許されるか?

○中世ヨーロッパの「剣闘士」を道徳的に批判できるか？
　剣闘士とは、闘技場で見世物として戦う職業であるが、ひとりの剣闘士が命をかけて戦うことで､数千､数万の市民が楽しめる。

○日本における原発政策の立地や軍事基地の偏りはどう考えるか

「都市部」(多数派)の安全のために　人口の少ない地方が犠牲になっている――といえるのか

『ハーバード白熱教室２』

「リバタリアニズム」(市場原理主義)は、究極的には、政府による市民への介入の全てを否定している。国家や政府が個人に介入することを強く批判するために、ヘルメットやシートベルト着用強制にも問題提起する。**ノージック　など。**
　○干渉主義的な立法の否定
　　　シートベルト着用は個人に委ねられる
　○道徳的な立法の否定
　○富者から貧者への所得の再分配の否定

○自己所有の原則の侵害

しかし、暴力や収奪、詐欺など「私的財産」を侵害する行為については、強制力を利用しても構わない。

アメリカでは人口の10%が、富の70%を占める。

ビルゲイツ
マイケルジョーダン　　への課税は正しいか

リバタリアニズムへの反論

貧者の方がより金が必要
統治者の同意による課税は強制ではない
成功者は　社会に借りがある
富は部分的に運で決まるので当然のものではない

土地略奪に正義はあるか

ロックは民主的な政府であってもくつがえせない個人の基本的な権利が存在すると主張する。生命、自由、財産に関する権利は、政治以前の権利「自然権」とする。

法律ができる前の状態**「自然状態」**を考えてみると、自由であることと好き勝手に行動することは異なり、自然状態でも**「自然法」**が存在する。

自然法では「自然権」をおかすことが制約される。

人間はすべて唯一神、つまり全知全能なる創造主の作品であり、彼の所有物であって 他の誰のためでもなく、彼が喜ぶかぎりにおいて生存するように作られている。（ジョン・ロック）

上記は、神を信じないものは納得できないかもしれないがどう説明すべきか。

自然状態には それを統治する自然法があり、何人もそれに従わなければならない。
その法である理性は、人類に「すべての人は平等で独立しており他人の生命 健康 自由または財産を害するべきではない」と教えている。(ジョン・ロック)

政府が誕生する前から存在している権利として**「自然権」**があり、不可譲なもの(譲渡できないもの)である。アメリカ独立宣言(ジェファーソン)—「アメリカ国民には 生命 自由 幸福の追究に対する不可譲な権利がある。」にはロックの考えが活かされている。

財産について。政府が存在する以前から私有財産が認められているとするとその根拠は何か?

○人は誰でも自らの一身に対する所有権を持っている。これについては彼以外の何物も権利を有しない。彼の身体による労働 手による仕事はまさしく彼のものであると言ってよい。(ジョン・ロック)
○自然が備えておいた状態から取り出すものは何でも自分の労働を交えたものであり彼自身の何かを付け加えたものであるから彼の財産となる(ジョン・ロック)
○労働はその労働者の疑いの余地のない財産であるから彼以外の誰かが彼の労働が加えられたものに対する権利を持つことはない。**他者のために同じようによいものが十分に残されているかぎり。**
(ジョン・ロック)

「自然権」には制約がある——ということになる。

人が耕し植物を育て改善した土地から得られる物を利用する限りその土地は彼の所有物である。彼の労働が加わることでそれは一般とは区別される。（ジョン・ロック）

つまり：自分を所有→労働を所有→労働を加えたものを所有。自分の労働の果実の所有者である。

知的財産権の論争。薬の特許。特許を尊重しなければ安い金額で多くの人を救うことができる。

討論：アメリカ大陸の先住民。植民地化の正当化。→ロックの考え方によればネイティブアメリカンに理がある。

社会に入る「同意」

ロックの「同意」の理論を検証する。

「自然状態」には不都合な点がある。

「誰でも自然法を実行できる。自然法に対する侵害に対して誰でも人を処罰・処刑できる。」という状態は、自分自身が判事であり、「行き過ぎてしまう」ことが多くなる。

人は 戦いを仕掛けてくる人を破壊することができる。(中略)
オオカミやライオンを殺すことができるのと同じように。
そのような人には力と暴力以外の法則はなく、だからこそ危険で有害な獣と同様に扱われる。その獣の手に人が陥ればいつでも、必ずその獣は彼を殺すに違いないからである。（ジョン・ロック）

ゆえに人々はその状態から離れたくなる。
自然状態から抜け出す唯一の方法は他の人に「同意」することだ。
問題は、同意に基づいた（多数派による）政府はどんな力を持っているのか、何を決めることができるのか。
多数派の支配に同意したとしても我々は自然法による**不可譲の権利**を持っている

政府は市民１人１人の基本的な自然権を尊重し実行する義務があるため、政府の力は制限されている。私たちは政府を受け入れたからといって自然権を放棄した訳ではない。このロックの考え方がアメリカの独立宣言に活かされている。

「不可譲の権利」

最高権力は本人の同意なく、人の財産を一部たりとも奪うことはできない。なぜなら所有権を守ることが政府の目的であり、そのために人は社会に入るのだから財産を持つことが必然的に想定され要請されているからである。（ジョン・ロック）

人は社会において所有権を持っており、物に対する権利は**コミュニティの法律により**彼らのものとなる。ゆえに最高権力ないし立法権によって、人々の財産を意のままに処分したり、ほしいままに取り上げたりすることができると考えるのは間違いである。（ジョン・ロック）

政府は大きな負担なしに支えられるものではない。
政府の保護を享受する者は皆その維持のための割り当てを自分の財産から支払うべきである。

しかしそこには本人たち　または彼らに選ばれた代表者によって与えられた**本人の同意　すなわち多数派の同意がなければならない。**（ジョン・ロック）

財産は守られるのか、コミュニティの法律により奪われうるのか？財産を恣意的に取り上げられるのは自然法の侵害である。しかし、一方で財産の協定的な側面もある。何をもって財産とするか、何をもって財産を取り上げたとみなすか、そういうったことを定義するのは政府なのである。集合的な同意。暗黙的な同意。

重要なのは、政治的あるいは軍事的権威が恣意的に権力を行使しないことである

【兵士は金で買えるか】

兵隊不足の解決法

○徴兵制へ移行

○給与と手当を増やす

○外部委託

お金を払って兵役を逃れるということは、命に値段を付けているのではないか。裕福な者はお金によって戦場に行かずにすみ、貧しい者は戦場に行く。

お金のために兵隊に行くのではなく、愛国心からの方が良い。

【母性　売り出し中】

問題提起：卵子や精子は売買されるべきか否か。

人間の生殖能力にからむ契約についての話。

代理母契約。ベビーM 訴訟。

代理母契約の有効性が裁判で問われた事件。アメリカ合衆国ニュージャージー州で起こった事件で、代理出産を行った女性が子の引渡しを拒み、養育権を求めたことから裁判になった。この事件を期に、国際的に代理母出産を規制する動きが起きた。1 万ドルと必要経費全てを依頼者が支払う。

この事件を道徳的な問題として考えてみる。

賛成反対とそれについての学生の意見は下記。

契約履行が正しい（引渡すべき）：

○代理母は自発的な同意。強制の要素はない。約束は最後まで守るべき。

○養子縁組と同じで後から言うのはおかしい。

契約不履行が正しい（引渡さなくてよい）：

○関係者全員が全ての情報を知っている契約ではない（代理母は子供が生まれることによりどう感じるかの情報を知らなかった）。

○子供は実の母親に対し「不可譲の権利」を持つと思う。子供が望めば引き離すことはできないと思う。自然によって作られた絆は契約によるものよりも強い。

○母親は子に対して権利を持つと思う。

○誰かの生物学上の権利を買っている。幼児売買。

以下、サンデル教授によるまとめ。

代理母契約 強制への反対理由：

(1) 同意に瑕疵があった（瑕疵のある同意は、強制によっても情報の欠如によっても起こり得る）。

(2) 非人間的。

裁判所
○母親は子供との絆の強さを知る前に変更不可な約束をさせられている。
○彼女は完全な情報を与えられた上で決断したのではない。
○赤ん坊が生まれる前には最も重要な意味において情報は与えられていない
○これは子供を売るのと同じ。少なくとも母親の子供に対する権利を売るのと同じである。
○参加者の動機となったものがどのような理想主義であれ、利益を得るという動機が優位となり、最終的にはこの取引を支配している。⇒　金では買えないものがある

「同意」について
自発的な同意が真に自由な同意にならない場合が2つある。
○合意するよう強制されたり圧力をかけられたりした場合。
○十分な情報を与えられていなかった場合。
　「出産したこどもを手放すということが　どんな事態であるのかを　代理母は事前には知り得なかった」

　親として子供に感じる愛情がどんなものであれ、それを抑圧するように代理母に求めれば、出産を譲渡できる労働に変えてしまう。
　なぜなら出産を、妊娠に対する社会の慣行が正しく奨励している目的、すなわち子供との情緒的なきずなから切り離してしまうからだ。(エリザベス・アンダーソン)
⇒　ある種のものは自由に利用できないけど価値がある。

尊敬、感謝、愛、名誉、畏敬、尊厳などの価値。

ジェイコブソン事件の話。
不妊治療の患者に無断で自分の精子を用いた医師。

『白熱教室　6』

ビリーバルジャー

マサチューセッツ州議会議長を長年担当し、マサチューセッツ大学の学長でもあったが、弟の捜査に協力はしなかった。

ロバート・E・リー

リンカーン大統領は、アメリカ合衆国陸軍（北軍）の司令官就任を要請したが、(リーは奴隷制には賛成ではなかったが)出身地であるバージニアへの郷土愛などの理由により、合衆国軍を辞職しバージニア州軍の司令官になった。

注

1) 田中成明『法学入門』有斐閣　2020　p3
2) 田中成明　前掲書 p12
3) 田中成明　前掲書 P76
4) 田中成明　前掲書 P77

※　第 1 節は　もともとのテキストである　2020 年発行　田中成明『法学入門(新版)』有斐閣　をもとにしてにまとめている。

・・・第３章・・・
倫理―考察事例

第１節　倫理・道徳に関わる事例と文学

2017(平成29)年告示『道徳　中学校指導要領解説』(第4章　指導計画の作成と内容の取扱い　第2節　道徳科の指導―学習指導の多様な展開　では「道徳科に生かす指導方法の工夫」(ｐ83)として「**生徒の感性や知的な興味などに訴え，生徒が問題意識をもち，主体的に考え，話し合うことができるように，ねらい，生徒の実態，教材や学習指導過程などに応じて，最も適切な指導方法を選択し，工夫して生かしていくことが必要**」とされており「教師自らが多様な指導方法を理解したり，コンピュータを含む多様な情報機器の活用」等が求められている。具体的には

ア　教材を提示する工夫教材を提示する方法としては，読み物教材の場合，教師による範読が一般に行われている。その際，例えば，劇のように提示したり，**音声や音楽の効果**を生かしたりする工夫などが考えられる。また，**ビデオ**などの映像も，提示する内容を事前に吟味した上で生かすことによって効果が高められる。

とされている。

生徒の感性に訴えやすい読み物教材やビデオは、道徳教材の中心

にあるといえる。読み物のひとつとして文学を考えた場合、文学教育(国語教育)と道徳教育とはどのように関わっているのか考えてみたい。

道徳教育の側では、道徳教育と国語教育との違いをどのようにとらえているのかを『かさこじぞう』の例をもとにまとめてみる。

あらすじ

ある年末、雪深い地方に、ひどく貧しい老夫婦が住んでいて、新年を迎えるためのモチすら買うことのできない状況である。そこでおじいさんは、自家製の笠を売りに町へ出かけるが、笠はひとつも売れなかい。吹雪いてくる気配がしてきたため、おじいさんは笠を売ることをあきらめ帰途につく。吹雪の中、おじいさんは地蔵の集団を見かけ、地蔵に雪が積もっていたので、売れ残りの笠を地蔵に差し上げることにした。しかし、手持ちの笠は自らが使用しているものを含めても 1 つ足りない。そこでおじいさんは、最後の地蔵には手持ちの手ぬぐいを被せ、何も持たずに帰宅した。おじいさんからわけを聞いたおばあさんは、「それはよいことをした」と言い、モチが手に入らなかったことを責めない。

その夜、老夫婦が寝ていると、家の外で何か重たい物が落ちたような音がする、そこで扉を開けて外の様子を伺うと、家の前に様々な食料・小判などの財宝が山と積まれていた。老夫婦は雪の降る中、手ぬぐいをかぶった 1 体の地蔵を含む笠をかぶった地蔵が背を向けて去っていく様子を目撃した。この地蔵からの贈り物のおかげで、老夫婦は良い新年を迎えることができたという。

『かさこじぞう』は上記のような話であるが、新宮弘識は「国語でも道徳教育でも、人格の完成をめざしているという基本的方向は同一である」[1)] とする。おじいさんの無償の行為が、「読み手の子どもにしみじみとした共感」[2)] を与えるという点では国語も道徳も同じなのである。

> 国語では、あくまで文章からはなれない。おじいさんの無償の行為や心の追求も、文章に即して読むということが国語教育の生命であり、「A君は『おじいさんはやさしい人だ』といったね。それは、どこの文章からそういえるのかな」と、いつでも文章に即するのである。(中略)
>
> 一方、道徳の場合は、必ずしも文章にとらわれない。文章にとらわれず、児童自身が『かさこじぞう』を媒介にして、自分という人間に問い、自分に語りかけるという運動をどう起こし、道徳的価値としての温かい心をどう躍動させたかが、いつでも問われるのである。つまり、
>
> ① おじいさんやおばあさんの温かい心や行為を鏡として、自分をどうみたか。
>
> ② おじいさんやおばあさんのような温かい心や行為にふれて、どう感動したか。
>
> ③ おじいさんやおばあさんの温かい心や行為は、人からほめられたいからするという行為とちがうことが、どの程度わかったか。
>
> ④ おじいさんやおばあさんの温かい心に触れて心を動かし、自分なりの道標をどうたてたか。
>
> といった**内面的運動**が問題にされるのである。[3)]

「内面的運動」 という表現が「道徳教育」の特質をよくあらわしている。「内面的運動」を起こすための媒介・手段として読み物・文

学が位置づけられる。国語科では「文章に即する」のが原則であるが、道徳の世界では、読者の内面に変化を起こし、時には行動へと導く為に読み物が活用されるのである。

> おじいさん、おばあさんの行為を動かしているものが一体何であるかと、二人の心を追求する場合、児童の過去における経験が、参考に供される。つまり、児童が、かつて、やさしい心をもって行為した経験や、やさしい心をもって行為した人の話などを思い出しながら、おじいさん、おばあさんの心を考えていくというように、おじいさん、おばあさんの心と、児童の心とが往復運動をおこすような活動が仕組まれている。このような活動によって、児童に、「二人の心を鏡として自分をみる」「二人の心のすばらしさに心を動かす」「打算をはなれた無償の心と、自己中心的な親切とのちがいがわかる」「二人の心に憧れる」という力の躍動を期待しているのである。(中略)
>
> 道徳では、展開③の「おじいさんやおばあさんのような、温かい心をもっている人が学級にいないか話しあう」という活動によって、『かさこじぞう』を通してつかんだ温かい心を、自分たちの具体的な生活の中にも発見させ、それを大切にしていこうとする意欲を育てようとしているのに対して、国語では、展開⑦⑧の「おじいさんに手紙をかく」「朗読する」のように、作文力・読解力に重点をおいている点である。
>
> ここに、道徳と国語との顕著なちがいがみられる。それは道徳独自の、国語独自の活動であるといえよう。[4)]

「往復運動」と表現されているが、「地蔵に傘をさしあげるような」おじいさんのやさしさを、子どもにも共有していくというのが道徳の最終目標である。それに対し、国語科では子どもの読解力や表現力さらに想像力等のスキルを上達させることが最終目標であり、そのためのひとつの素材が読み物なのである。

> 展開②によって、おじいさん、おばあさんの温かい心に共鳴し感動したとしても、ほとんどの児童は、「それはお話の世界のことであって、自分とは直接関係のない世界である」といううけとり方をする。このままでは、「温かい心で親切にしてやろうとする」という実践を志向したねらいに迫ることはできない。「今共鳴し感動した温かい心、すばらしい心は、君たちももっているのだよ」「例えば、A 君の○○の行いや心がそうだよ」と、読みものと児童の生活とを関係づけてやることによって、「ようし、この心を大切にしよう」という実践意欲が高まるのであり、それが展開③である。[5)]

ほとんどの児童が「それはお話の世界のこと」と認識している状況に対して、児童の生活と架空の「お話」とを関連づけさせ、内面を変容させる方向に導くのが道徳教育といえる。

逆に文学教育のなかで道徳はどのように位置づけられるのか。小学校から高校にかけて長い間「定番」とされている文学教材について、個々に考えてみたい。ほとんどの国語教科書に掲載されている教材であり、受講者にとってもどこかで出会った作品であるはずである。いずれの作品も青空文庫でも掲載されているものであり、基本的に著作権は消滅している。傍線部は筆者によるものである。筆者の判断で部分的に割愛したものもあり、その場合(中略)と表記している。

① 夏目漱石『こころ』

「上」　明治末期。夏休みに鎌倉へ旅行をしていた大学生の「私」は鎌倉に来ていた「先生」と出会い交流を始め、東京に帰った後も先生の家に出入りするようになる。先生は奥さんと静かに暮らしていた。先生は私に何度も謎めいた、そして教訓めいたことを言う。
「中」　「上」の「私」は大学卒業後、実家に帰省。病気が重かった父親はますます健康を損ない、私は東京へ帰る日を延ばした。父の容態がいよいよ危なくなってきたとき、先生から分厚い手紙が届く。手紙が先生の遺書だと気づいた私は東京行きの汽車に飛び乗る。
「下」　「先生」の遺書の本文。この文章中の「私」は、「先生」を指す。手紙には謎に包まれた「先生」の過去が綴られている。「先生」自身の生い立ちや、「K」をめぐる「お嬢さん」との関係。さらに結果として自殺に至った「K」との顛末等である。

※以下、数字は「下」の中の章である。

〈原文〉

Kの話が一通り済んだ時、私は何ともいう事ができませんでした。こっちも彼の前に同じ意味の自白をしたものだろうか、それとも打ち明けずにいる方が得策だろうか、私はそんな利害を考えて黙っていたのではありません。ただ何事もいえなかったのです。またいう気にもならなかったのです。

ひるめしの時、Kと私は向い合せに席を占めました。下女に給仕をしてもらって、私はいつにないまずい飯を済ませました。二人は食事中もほとんど口をききませんでした。奥さんとお嬢さんはいつ帰るのだか分りませんでした。

〈参考〉

「K」を恋愛上のライバルとみなす「私」は「三十六」で「K」のお嬢さんに対する恋愛感情の告白を聞いてしまう。「こっちも彼の前に同じ意味の自白をしたものだろうか」と思いながらも「私」は最後まで自分の内面を「K」には伝えず、その一方でお嬢さんに対しては結婚の申し込みをするのである。真実を語らなかった「私」は少なくとも「真理を愛し、真実を求め、理想の実現を目指して自己の人生を切り拓いていく」には反しているのだろう。そして、「温かい人間愛の精神を深め、他の人々に対し思いやりの心をもつ。」「友情の尊さを理解して心から信頼できる友達をもち、互いに励まし合い、高め合う」のような「思いやり」も持っていないといえる。最終的に自殺してしまった点では「人間には弱さや醜さを克服する強さや気高さがあることを信じて、人間として生きることに喜びを見いだすように努める」も満たされていない。このように考察すると極めて「私」は反道徳的な人間ともいえる。

② 森鴎外『舞姫』

19 世紀末、ドイツ留学中の太田豊太郎は下宿に帰る途中、涙に暮れる少女エリスと出会い、心を奪われる。父の葬儀代を工面してやり、以後交際を続けるが、仲間の讒言によって豊太郎は免職される。その後豊太郎はエリスと同棲し、生活費を工面するため、新聞社のドイツ駐在通信員という職を得た。エリスはやがて豊太郎の子を妊娠する。友人である相沢謙吉の紹介で大臣のロシア訪問に随行し、信頼を得ることができた。復職のめども立ち、また相沢の忠告もあり、豊太郎は日本へ帰国することを迷う。しかし、豊太郎の帰国を心配するエリスに、彼は真実を告げられず、その心労で人事不省に陥る。その間に、相沢から事態を知らされたエリスは、衝撃の余り発狂し、パラノイアと診断される。

※上記のあらすじの傍線部の部分を解説する。

「故郷」とはつまり日本のことであり、「日本人としての自覚をもって国を愛し、国家の発展に努めるとともに、優れた伝統の継承と新しい文化の創造に貢献する」と重なる面はあるのかもしれないが、エリスを裏切った点では「温かい人間愛の精神を深め、他の人々に対し思いやりの心をもつ」に反する。また、エリスに真実を言えなかった点では「真理を愛し、真実を求め、理想の実現を目指して自己の人生を切り拓いていく」にも反しているのかもしれない。

③　芥川龍之介『羅生門』

自分が生き残るために窃盗をしてよいのかというモラルジレンマ

「どうにもならない事を、どうにかするためには、手段を選んでいる遑はない」一つまり盗人になるか、またはこのまま餓死するかという選択肢は、反道徳を迫られている二者択一のモラルジレンマ状況であるといえる。結果的には、悪事に対して悪事をすることは「大目に見てくれるであろ」という老婆の考え方に影響を受けて、下人は老婆の着物を奪う。「正義感」「公正」「生命」様々なテーマに関わりがあるが、「道徳か死か」という選択肢は子どもたちにとっては重い。時代も社会状況も現代とは随分異なるが、「悪に対する悪は肯定されるか」というテーマならば身近に考えやすいかもしれない。

④　芥川龍之介『地獄変』

地獄を描く一という芸術のために親族が犠牲になることが許されるのかということが問われるモラルジレンマ

真夜中近くになって、牛車を燃やすことになったとき、大殿様は中に罪人の女性が乗っているから見せてやると言う。その女性は、画家良秀の娘であった。良秀が反射的に牛車に向かって走りかけた時、大殿様は火をつけろと命じる。火が燃え上がると、良秀は足を止めて牛車を見つめる。その表情には恐れと驚きと悲しみがあった。娘が炎の中で身もだえする有様は、地獄の業苦を写しだしたかのようであった・・・・

「良秀。今宵はその方の望み通り、車に火をかけて見せて遣はさう。」
大殿様はかう仰有つて、御側の者たちの方を流しめに御覧になりました。その時何か大殿様と御側の誰彼との間には、意味ありげな微笑が交されたやうにも見うけましたが、これは或は私の気のせゐかも分りません。すると良秀は畏《おそ》る畏《おそ》る頭を挙げて御縁の上を仰いだらしうございますが、やはり何も申し上げずに控へて居ります。
「よう見い。それは予が日頃乗る車ぢや。その方も覚えがあらう。——予はその車にこれから火をかけて、目のあたりに炎熱地獄を現ぜさせる心算《つもり》ぢやが。」
大殿様は又言を御止めになつて、御側の者たちめくばせをなさいました。それから急に苦々しい御調子で、「その内には罪人の女房が一人、いましめた儘、乗せてある。されば車に火をかけたら、必定その女めは肉を焼き骨を焦して、四苦八苦の最期を遂げるであらう。その方が屛風を仕上げるには、又とないよい手本ぢや。雪のやうな肌が燃えただれるのを見のがすな。黒髪が火の粉になつて、舞ひ上るさまもよう見て置け。」（中略）

このように文学教材では反道徳的ともいえる登場人物が扱われることも多い。

「研究者の文学概念を前提とした形象把握の教育(文学作品教育)の上に、人間いかに生きるべきかといった徳目に結びつく危険性」[6)]を感じ、「把握すべき作品形象、あるいはその意味・思想といった研究者にとっての文学概念に、作家にとっての文学概念、すなわちその創作活動の中核をなす文学的認識を対置」[7)]して「作家の文学的現実認識力の獲得を内実とする文学教育を提唱」[8)]した大河原忠蔵のような文学教育―国語教育者は少なくないことも指摘しておきたい。

現代の文学やエッセイからも、素材を提供しておこう。下記に示しているような「発達障害」とされる方々への理解や接し方ということも、倫理(道徳)の点から現代社会では大事なテーマである。

自閉症(AD)　　Autistic Disorder　の定義

３歳位までに現れ、１他人との社会的関係の形成の困難さ、２言葉の発達の遅れ、３興味や関心が狭く特定のものにこだわることを特徴とする行動の障害であり、中枢神経系に何らかの要因による機能不全があると推定される。

高機能自閉症　の定義

３歳位までに現れ、１他人との社会的関係の形成の困難さ、２言葉の発達の遅れ、３興味や関心が狭く特定のものにこだわることを特徴とする行動の障害である自閉症のうち、知的発達の遅れを伴わないものをいう。また、中枢神経系に何らかの要因による機能不全があると推定される。

ADHD　の定義

年齢あるいは発達に不釣り合いな注意力、及び／又は衝動性、多動性を特徴とする行動の障害で、社会的な活動や学業の機能に支障をきたすものである。また、７歳以前に現れ、その状態が継続し、中枢神経系に何らかの要因による機能不全があると推定される。

(2003（平成 15）年３月の「今後の特別支援教育の在り方について（最終

報告)」参考資料より抜粋)

上記に示されているような傾向を持つ主人公や当事者の登場する文章を2点紹介しておこう。

○村田沙耶香『コンビニ人間』　文芸春秋　2016　　冒頭

コンビニエンスストアは、音で満ちている。客が入ってくるチャイムの音に、店内を流れる有線放送で新商品を宣伝するアイドルの声。店員の掛け声に、バーコードをスキャンする音。かごに物を入れる音、パンの袋が握られる音に、店内を歩き回るヒールの音。全てが混ざり合い、「コンビニの音」になって、私の鼓膜にずっと触れている。

売り場のペットボトルが1つ売れ、代わりに奥にあるペットボトルがローラーで流れてくるカラカラ、という小さい音に顔をあげる。冷えた飲み物を最後にとってレジに向かう客が多いため、その音に反応して身体が勝手に動くのだ。(中略)

コンビニ店員として生まれる前のことは、どこかおぼろげで、鮮明には思い出せない。

郊外の住宅地で育った私は、普通の家に生まれ、普通に愛されて育った。けれど、私は少し奇妙がられる子供だった。

例えば幼稚園のころ、公園で小鳥が死んでいたことがある、どこかで飼われていたと思われる、青い綺麗な小鳥だった。(中略)

「どうしたの、恵子？　ああ、小鳥さん・・・！　どこから飛んできたんだろう・・・かわいそうだね。お墓つくってあげようか」

私の頭を撫でて優しく言った母に、私は、「これ、食べよう」と言った。

「え？」

「お父さん、焼き鳥好きだから、今日、これを焼いて食べよう」

（中略）

小学校に入ったばかりの時、体育の時間、男子が取っ組み合いのけんかをして騒ぎになったことがあった。

「誰か先生を呼んできて！」

「誰か止めて！」

悲鳴があがり、そうか、止めるのか、と思った私は、そばにあった用具入れをあけ、中にあったスコップを取り出して暴れる男子のところへ走って行き、その頭を殴った。

（中略）

「いらっしゃいませ！」

私はさっきと同じトーンで声をはりあげて会釈をし、かごを受け取った。

そのとき、私は、初めて世界の部品となることができたのだった。私は、今、自分が生まれたと思った。世界の正常な部品としての私が、この日、確かに誕生したのだった。

※作品の冒頭では、「コンビニの音」に特に強く（過敏に）反応する主人公が描かれており、続いて「小鳥の死」に対する風変わりな反応や、「喧嘩をとめる」という指示にのみ反応する様子が説明されている。コンビニ店員のように、毎回同じ行動パターンを繰り返すことには順応できる主人公のふるまいからは、発達障害の要素が感じられる。

○東田直樹『自閉症の僕が跳びはねる理由』角川文庫　2016年

跳びはねるのはなぜですか　p66

僕は跳びはねている時、気持ちは空に向かっています。空にすいこまれてしまいたい思いが、僕の心を揺さぶるのです。

跳んでいる自分の足、叩いている時の手など、自分の体の部分がよく分かるから気持ち良いことも、跳びはねる理由のひとつですが、最近もうひとつわかったことがあります。

それは、体が悲しいことや嬉しいことに反応することです。

何か起こった瞬間、僕は雷に打たれた人のように体が硬直します。硬直は、体が硬くなることではありません。自分の思い通りに動かなくなることです。縛られた縄を振りほどくように、ピョンピョン跳びはねるのです。跳べば、体が軽くなります。空に向かって体が揺れ動くのは、そのまま鳥になって、どこか遠くへ飛んで行きたい気持ちになるからだと思います。

※「跳びはねる」行為は多くの人にとっては奇異に見えるかもしれないが、この行為に意味があるのだと理解することができれば自閉症の方とのつき合い方を豊かにできるかもしれない。同じ本の中で「自閉症とはきっと、文明の支配を受けずに、自然のまま生まれた人」(p138)とも表現されている。

第2節　モラルジレンマと考察題材の提示スピーチ

倫理的な問題とは、道徳の理想のぶつかり合いともいえる。現代謝意では、道徳の理想がぶつかり合うような場面は少なくない。荒木紀幸は下記のようにモラルジレンマを位置づけ、この学習は「他者の立場にたって問題をみつめ直したり、社会的な視点にたって問題を再考すること」[12]によって役割取得能力が高まるのだと主張している。

われわれにとってジレンマはある意味で対立している道徳的価値や判断を徐々に分化し、それによって道徳的判断の普遍性を増大させるために、また構造的不均衡から均衡化へと至らせるために人為的に構成したものであり、限定的な場面での選択を迫る道徳的難題に過ぎず、その限りでの価値葛藤である。根本的なアンチノミーになればむしろアポリアとして立ち往生するしかなく、道徳の授業に資する方法への提案を試みるものとしては、その点の理論的完全性を備えなければならないのかどうか疑問に感じている。だから、2つの事象が対立する状況において生じる認知の分裂、不均衡を文化と統合の増大により調整し、均衡化した認知構造へと向上させる過程を授業の過程として採用したのである。[9)]

役割取得能力が高まることによって提唱されている下記の発達段階は比較的よく浸透している。

発達段階

段階0	自己欲求希求志向	自己中心的・垂直的な発達のために
段階1	罰回路、従順志向	大人に無条件の服従
段階2	道具的互恵主義傾向	利己主義
段階3	「よい」子志向	利他主義
段階4	法と秩序の維持志向	社会システムの維持

このモラルジレンマの発想にはコールバーグの影響が強い。

「ハインツという男がいて、その妻が重病であり、妻の命を救うには自分の資力ではとても買えない高価な薬を盗むしかないという想定のもと、ハインツは盗むべきか否かという問いを子供たちに提示して、どのような答え方をするかを聞く」－これが有名なハインツのジレンマである。

コールバーグは上記のジレンマを含めて基本的に男子中心の実践を展開し、発達段階の論理を構築した。そのためにコールバーグの基準では女性が道徳的に低位におかれてしまう―と問題提起したのがギリガンである。「ハインツのジレンマ」に対して、エイミーという女の子は「盗んだハインツが刑務所に送られるなら妻の病気は一層重くなるかもしれない」ということを懸念する。人間関係への洞察と配慮という基準を立てるなら道徳的評価は異なるはずであるというのがギリガンの主張である。権利ないし正義を中軸とする倫理が男性優位社会において重視されてきたのに対して、「もう一つの声」として「ケアの倫理」を強調する。

女性は他者への思いやりや感受性を身につけねばならないという社会的圧力にさらされているが、他方において、そのような能力を発展させること自体が、コールバーグの基準からは未成熟や遅れとして評価され、男性より劣位に位置づけられてしまう。

モラルジレンマにおいても男女で差異の出る場合がある。

「医師が16歳未満の少女に親の承諾なしに避妊用のピルを処方する場合もある(医師にはその権利がある)という見解を行政が示したこと」[10]に対する問題提起としてのジリック裁判をもとにしたモラルジレンマでは

A「そもそも１５歳の少女が性行為を行なうということが道徳的に認めがたく、また場合によっては法的にも認められていないからピルを処方することは、不品行で違法な性行為を助長する」→ピル処方反対

B「16歳未満の少女が自分自身の望まない妊娠をしてしまうという現実が存在する以上、無防備な性行為から少女を守る為にピルの処方

を認めて対処すべきである」→ピル処方容認という見解にわかれるが、男子の意見には A が多く、女子の意見では B が多くなる傾向がある。

どちらにせよ「本音」か「建前」かという論理の組み立ては倫理について考察する場合の根幹ともいえる。モラルジレンマはこの根幹部分を刺激するからこそ議論が盛り上がるのだろう。林泰成が指摘しているように、モラルジレンマの実践だけでは、道徳を教え込むことにはならないが、例えば場面そのものも受講生とともに創作することにより身近な素材に関心を持たせることには結びつけられるだろう。

下記は受講生が考えたモラルジレンマの場面の一部である。

○同じクラスの友達がガラスを割るところを見てしまい、その割った本人から「先生とか誰に告げ口しないよう」と言われ、私はそのことを誰にも言わずに黙っていた。その日終礼のときにクラス全体でガラスが割られたことについて先生に聞かれたときに、私は本当のことを話すべきなのか友達のためにずっと黙っておくべきなのか・・・

○救急で 2 人の患者が運ばれてきました。しかし、今日手術ができる医師は 1 人しかいません。

患者の 1 人は 70 歳のおじいさん。若い頃はバリバリ働いて退職してからは妻と 2 人で暮らしている。一緒に暮らしている妻は重度の障害を持っているため、おじいさんが毎日介護をしている。おじいさんがいなければ妻は 1 人では生きていけない。

もう 1 人は 17 歳の高校生。複雑な家庭事情もあり不登校傾向にある。

1 人を手術すればもう 1 人の命は救えないが、70 歳のおじいさんと、17歳の高校生どちらの命を救うべきか？

例えば親が病気であったり、弟や妹の世話をする必要がある等の集団とのかかわり等があって、進路選択に制限がある状況であれば、倫理的(道徳的)テーマとすることは可能だろう。

注
1)2)新宮弘識『実践道徳教育法』建帛社　1979　p 161
3) 新宮弘識　前掲書　p162
4) 5)新宮弘識　前掲書　p166
6)7)8)田近洵一『戦後国語教育問題史』大修館書店　1991　p189
9) 荒木紀幸『続　道徳教育はこうすればおもしろい』北大路書房　1997　p129
10) 小林亜津子『看護が直面する11のモラル・ジレンマ』ナカニシ出版　20

考察題材の提示スピーチについての手順を紹介しておこう。

1　テーマを提示

パワーポイントも可能だが、時には黒板も活用しよう。PCやスマホの「変換」に慣れてしまい、「書く」という行為の減少によって漢字を忘れてしまう大学生・大人も少なくない。

例：**生命の尊厳，社会参画，自然，伝統と文化，先人の伝記，スポーツ，情報化への対応等の現代的な課題など（道徳学習指導要領）**

自分自身が大事に考えているメッセージが含まれるドラマ・歌詞
道徳の理想がぶつかり合っている事例
受講者と共有したい社会問題や課題
SDG s に関わる問題　などなど・・・・

2　導入の工夫

いきなり内容を説明するのではなく、「導入」によって、学習者の興味・関心を引き付けたい。

また、一方的な説明が続くと、一般的には聞いている側の集中力が弱まってくる。受け身の状態が続くと気持ちも緩んでしまう。問いかけをしたり、学習者にも音読してもらう等の「作業」を織り込みたい。自分自身の体験談や思い出を適切に取り入れて説明することも効果的になる場合が多い。

3「問いかけ」を工夫

「どのくらいの数だと思いますか？」というふうに大雑把に問いかけるよりは、①10 くらい、②30 くらい、③50 くらいの中からどれだと思う？というふうに選択肢を設けて問いかける方が答えやすい。答がひとつに偏らないような選択肢を設定する方がよい。

4　「変化」を重視

講話ばかりが続くより、視聴覚教材を活用する方が効果的な場合も多い。ただ、(youtube のような)動画も一方的に流しているだけでは集中力が維持できない事態を起こしやすい。大事な部分のみを切り取って生徒に見せ、その前後については教員が説明を補足するような工夫も重要である。時には、途中で再生をストップして、「ここで主人公はそんな行動をしたと思う？」等の問いかけも効果的である。単調にならないように変化を織り込む授業を目指したい。

5　まとめる

問いかけに対する反応には、簡単でも何かコメントをして欲しい。「なるほど」「いいところに気が付いたね」等。最終的にポイントがどこにあったのか、あらためて最後に強調することによって授業が引き締まる。メリハリがつく。

第3節　視聴覚教材

具体的な視聴覚教材としては大きく**〈ドキュメントーノンフィクション〉系のもの**と**〈フィクション〉系のもの**と2種類がある。

「外見」によっていじめや差別にあった人物を例にしてみよう。

〈ドキュメントーノンフィクション〉系―本人が登場

実際にあった事件・出来事が撮影されたもの。出来事の主体となる本人が直接語っているものも含まれる。事実であるということが、読み手の興味関心を引き込む場合が多い。出来事の背景や人物紹介等を説明して、補足することが重要である。

◆1　NHKエデュケーショナル　2012年『第2期　道徳ドキュメント①　キミならどうする？―「ちがう」ことを「ふつう」に』では、顔にあざがある中谷さんという本人が登場する。

生まれたときから顔の右側に大きな赤いあざがある中谷さんが主人公である。皮膚の近くに血管が多くなり、赤いあざとなる「血管腫」で、痛みも、人にうつることもないが、このあざのためにずっとつらい思いをしてきた中谷さんは、こわいものを見るような冷たい視線を受け続けてきたために、外出するのも苦痛だった。

子どものあざはわたしのせいではないかと母親も自分をせめ続けてきた。おさない中谷さんを連れて病院を回り、麻酔なしにレーザーではだを焼くつらい治療もしたが、あざが消えることはなかった。

「おばけみたい、近づくな」、「こんな顔、人間じゃない」…。小学校に上がるといじめはますますひどくなり、先生がいないときをねらって、毎日のようにあざのことをはやしたてられ、ばかにされた。やがて中谷さんは、人と話をするときも、人の話を聞くときも、相手の目を見ないようになった。その理由は、「目がこわかったから」であり、「ぼくを見る目はみんなぼくをバカにする目だと思ってたから。にげてました」（中谷さん）。

照子さんも、中谷さんのなやんでいる様子に心をいため、人の輪の中に入っていけず孤立していないかと心配で、たびたび先生に様子を聞きにいっていた。しかし中谷さんは、いじめのことを決して母親に話さなかった。母も苦しんでいることを知っていたからであり、つらい気持ちをひとりかかえこんだ。「いじめられもするし、変な目で見られるから、生きてるのがつらかった」。それは、「生きているのをやめたい」ということ。そう思うときもあった。

幼稚園のときからいじめにあい、自殺を考えたこともある中谷さんは「きっといつかいいことがある」と自分に言い聞かせながら高校を卒業し、そしてしばらくしてから転機がおとずれた。

人と接する仕事をさけ、自動車工場などで働いていた中谷さんは、なぜ自分にだけあざがあるのか、答えのない問いを心の中でくりかえしていた。転機がおとずれたのは27歳のときで、きっかけは『顔面漂流記』という一冊の本だった。顔にあざがある人が自らの半生を書いた、日本で初めての本で、理解してくれないまわりの人への怒りや治らないことを受け入れる辛さなどこれまで語られることのなかった率直な思いがつづられていた。

『顔面漂流記』を書いた石井さんは46歳で、自分と同じ、顔にあざなどのある人たちと「ユニークフェイス」という団体を作り、見た目による差別をなくす活動をしている。孤立感を持っている人たちの相談相手になったり先輩の知恵などを伝える場を作ることが目的である。「一生、人の目を気にして下を向いて生きる人生はやめてほしいなと。もっと自由に生きてほしいと思って」（石井さん）。

石井さんは、自分たちのことをもっと知ってもらうために、講演活動も行っている。差別をなくすために、自分から積極的に外へ出ていく石井さんの姿勢は、中谷さんが考えたこともないものであった。「同じような人がいたんだ、と。そして、本を書いて自分の思いを発表するというのが衝撃的だったんですよね。勇気づけられました」（中谷さん）。

中谷さんの心は少しずつ変化し、人の視線をおそれる気持ちがうすれ、もっと人と関わっていきたいと考えるようになった。そして5年前、一生をかけて取り組みたいことと出会う。体の調子を整える「整体」という仕事で、最初はお客さんと話をするのがこわかった。しかし中国の大学で研修を受け、資格を取るなかで、少しずつ自信をつけた。今では、初対面の人とも緊張せずに接することができる。「やりがいはあります。喜んでもらえますから」（中谷さん）。

今、中谷さんは、本を書いた石井さんたちといっしょにさまざまな活動を計画している。その一つが、全国の小中学校を回る講演会。かつては人の目をおそれ、下を向いて歩いていた中谷さん。今は人の前に立ちたいと思っている。「この顔でいることは、ぼくにとっては“ふつう”のこと。気になるんだったら話しかけてください。知ることは大事だと思いますよ。知らないから“ふつう”じゃない。知ってたらそれは“ふつう”になる」と中谷さんは語る。

一方、映画『ワンダー　君は太陽』2017 年　では、顔が変形していることによって、いじめや差別にあう主人公を登場するがフィクションである。映画の方は 2 時間近くあり、フィクション・ノンフィクションそれぞれのメリット、デメリットを授業計画のなかで使い分ける必要がある。

<フィクション>

創作された、架空の話。事実を素材にしているが、演じている役者が本人ではないようなドラマ・映画を含む。物語の展開に読み手の関心を引き込む力のある場合が多い。全てを紹介する時間を確保できない場合は、重要な場面のみを取り上げ、あらすじは説明によって補足するような工夫が求められる。

下記では、記録をもとにして、部分的にファクションが取り入れられている。

◆2　「明治」NHK スペシャル　2005 年

第 1 集「ゆとりか、学力か」では、沢柳政太郎を中心に明治期のカリキュラムについて説明される。

60 分後くらいから現在の開智小学校での授業の様子を紹介する一方で、資料をもとにした明治時代の授業風景の再現映像があり、現代との共通点や相違点を考察するうえで興味深い。成績により座席が編成されていたことや、教具としての「掛図」「石盤」も紹介もされる。「石盤」では、書いたものを消す前にその内容を覚えなければならず、当時の子ども達の苦労が想像される。66 分後には開智小学校「収蔵庫」にある明治時代の試験問題や解答の資料が紹介され、70 分後には当時の卒業試験の様子(筆記と口述)が再現される。現存する資料と再現映像とが組み合わされながら貴重な映像が進行する。解答用紙を前にして苦闘する姿は今も昔も変わらないものがある。

75 分後には当時のすごろく「教育出世双六」が紹介される。ふりだしは小学校に設定され、就職か中学校進学かでまず大きな差があり、1 の目を出し続ければ出世がある一方で、出世から外れるコースもたくさん用意されている。立身出世が「試験と競争を勝ち抜けるかどうか」で決定されることが明らかにされ、永井荷風や二葉亭四迷による当時の教育に対する問題提起も含めて試験制度の弊害も明らかにされる。

そうした状況のなかで、82 分後くらいから文部省の普通学務局局長に就任した沢柳が教育行政やカリキュラムを変えていく様子が沢柳の孫である新田さんの説明もまじえながら紹介される。84 分後には 1900(明治 33)年に制定された第 3 次小学校令で授業料無償化をした結果就学率が向上したことや、試験偏重傾向を改善した背景が説明される。「読み方」「作文」「習字」の科目を統合して「国語科」となることによって負担は軽減される。

しかし、このような政策の結果として、小学校卒業後の中学校の入学試験における進学競争が過熱したり、小学校教育の側では学力低下の問題が指摘されたりもする。軍隊の側からも 20 歳徴兵者の学力不足が指摘され、1907(明治 40)年(画面にこの年の普通学務局通牒が表示)に、結果として、学力測定としての試験が復活する。1908(明治 41)年に文部省を去った後も、沢柳は模索を続け小学校教員へのアンケート調査を実施する。

アンケート結果から当時の学校教育の画一性や知識偏重傾向、「外面的装飾的」傾向を認識したうえで、1917(大正 6)年には沢柳が成城小学校を設立し、現在の成城小学校の授業風景もまじえながら、新しい教育である「自由教育」を推進した流れが説明される。1927(昭和 2)年の沢柳の死後は軍国主義が学校教育も圧倒するが、1945(昭和20)年敗戦後のアメリカ教育使節団の報告で、試験偏重の日本の教育があらためて批判されていることが最後の方では紹介される。**「ゆとりか、学力か」で揺れ動く明治時代の教育課程の変遷は、モラルジレンマを理解するうえでも重要な資料である。**

豚の飼育から「いただくいのち」を実感する実践

◆3　ブタがいた教室　2008年　（109分）　前田哲監督

1990 年に「子どもたちに命の大切さや、動物を育てることのむずかしさ、楽しさを体ごと学んでほしい」という漠然とした思いで、「大きくて存在感のある動物」として豚を教室で飼育するという取り組みをした教員がいる。この実践は 1992 年 6 月 7 日付の読売新聞で大きく報道され、「校内飼育の豚食べよう　生きた命の教育」という見出しで、教員からの「最後にはみんなで食べよう」という提案がきっかけとなって、議論が行われたり、食や命の授業が始まったことが紹介された。最後の部分には、教員のコメントとして、「食べる勇気も必要だけど、食べない勇気も大切と児童から声があがり、少し肩の力が抜けました。主人公は子どもたち。いろいろな意見に感性の豊かさを感じています。結論を急がず、じっくりと話し合っていきたい」と記されていた。

妊娠・出産から「いのち」「生命」を考える

◆4　プルミエール　私たちの出産　2007年　ジル・ド・メストル監督

アメリカ、ロシア、フランス、ブラジル、インド、日本等世界 10 か国での妊娠・出産を映像におさめたドキュメンタリー。チャプターが 12 あるがそのうち 7 番目の「受け継がれるもの」では、医療に頼らない自然分娩の吉村医師が、4 番目の「現代の出産事情」では 1 日に 120 件以上のいのちを産み出す世界最大の病院での医療出産が紹介されている。その他にも「イルカとの水中出産」「極貧生活下でのいのちがけの出産」「出産直前まで踊ったダンサーの出産」等の様々な出産の様子がおさめられており、いのちの誕生について考える機会となる視聴覚教材といえる。

◆5　塀の中の中学校

長野県松本市にある「松本市立旭町中学校桐分校」がモデル

「食事中や入浴中も私語を禁止するのは生徒同士が仲良くなることを阻止するためであり、仲良くなると出所後に犯罪計画をたてる場合もあるからだ」

小山田(39)　病気のため進級が 2 年遅れ、「兄貴としてのプライドがズタズタ」

佐々木(76)　認知症の妻を殺害。13 歳から家族のため労働

ジャック原田(66)　母親がギャンブルのため多額の借金。本人が 17 歳のとき行方不明。

川田(50)　小学校 4 年の前に父親が死去。5 年生以降学校に通わず。母は 14 歳で死去

龍神＜芸名＞(22)　14 歳以降一座として舞台で演じ転校を繰り返しほとんど学校に通えず。

◆6　女王の教室(2005 年放映ドラマ)　本編

いい加減、目覚めなさい。　日本という国はそういう特権階級の

人が楽しく暮らせるように、あなたたち凡人が安い給料で働き、高い税金を払うことで成り立っているんです。知ってる？特権階級の人があなたたちになにを望んでいるか。今のままずーっと愚かでいてくれればいい、世の中の仕組みや不公平なんかに気付かず、テレビやマンガでも見てなにも考えず、会社に入れば、上司の言うことをおとなしく聞いて、戦争が始まったら、真っ先に危険なところに行ってくれればいいの。

イメージできる？　わたしがあなたたちにした以上のひどいことは、世の中にいくらでもあるの。人間が生きている限り、いじめは永遠に存在するの。なぜなら、人間は弱いものをいじめるのに喜びを見出す動物だからです。悪いものや強いものに立ち向かう人間なんてドラマやマンガの中だけの話で、現実にはほとんどないんです。大事なのは、将来、自分たちがそういうイジメに遭ったとき、それに耐える力や解決する方法を身につけておくことなんです。

—原爆投下を題材に「国際社会の中での日本」を考える

◆7　ヒロシマ・ナガサキ　2007年　スティーブン・オカザキ監督

4番目のチャプターのタイム社製作「敵国日本」(アメリカ海軍向け映画)や5番目のチャプター「戦時下の日本」では当時のアメリカから見た日本が映像におさめられており興味深い。世界の中での日本の位置を考えると同時に、例えばチャプター10番目の「死ぬ勇気と生きる勇気」で被爆者の方々が死との境界で懸命に行き続けてきた姿は「いのち」を考える機会ともなる。

『高瀬舟』—「法やきまり」や「安楽死」「思いやり」の問題

◆8　ダンスウィズウルブズ　1990年　ケビン・コスナー

主人公は、南北戦争時の「北軍」にも属し、その後先住民(インディアン)の共同体にも属することになり、歴史も文化も全く異なる2つの世界に属し、引き裂かれることになる。アメリカでは、黒人差別とともに先住民の問題も重要な人権問題であり、日本ではアイヌ民族の問題に重なるといえる。

◆9　遠い空の向こうに　1999年　ジョー・ジョンストン

1957年10月ソ連から打ち上げられた人類初の人工衛星「スプートニク」を見たアメリカの小さな炭坑の町コールウッドの高校生4人が、ロケット作りに挑戦し、ロケット作りを通して、時にはぶつかり、激励しながら成長していく物語であるが、元NASA技術者の回想録が原作になっており、「前向きに生きる姿勢」が道徳の目標と重なる。

◆10　BUNGO　日本文学シネマ　2010年　冨樫森監督

日本を代表する文豪たちの短編小説を元にした「BUNGO」シリーズの『高瀬舟』。罪人を島に送る船に、弟殺しの罪で捕らえられた喜助という男が乗り込む。護送役の羽田庄兵衛は、彼の晴れやかな顔が気になり訳を尋ねると、喜助は事件の真相を語り始める。

上司からの指示は絶対のものか
尊厳死・安楽死をどう考えるか

＜教材の魅力＞

先輩の判断と自分の判断とが異なる場合がある。目上の人を敬うのも道徳だが、自分の信念を持つのも道徳であり、道徳の理想がぶつかりあうよい例である。

また、尊厳死—安楽死という現代社会では避けられないテーマを扱っている。本人が死を希望していて、その手助けを求められた場合にどのような判断をすることが妥当なのか。ともに考えたい。

原文　※庄兵衛は、弟殺しの罪人(喜助)を護送するお役人

喜助はひどく恐れ入った様子で、「かしこまりました」と言って、小声で話し出した。(中略) わたくしは小さい時に二親(ふたおや) が時疫（じえき）でなくなりまして、弟と二人あとに残りました。(中略) そのうち弟が病気で働けなくなったのでございます。そのころわたくしどもは北山の掘立小屋同様の所に寝起きをいたして、紙屋川の橋を渡って織場へ通かよっておりましたが、わたくしが暮れてから、食べ物などを買って帰ると、弟は待ち受けていて、わたくしを一人ひとりでかせがせてはすまないすまないと申しておりました。ある日いつものように何心なく帰って見ますと、弟はふとんの上に突っ伏していまして、周囲は血だらけなのでございます。わたくしはびっくりいたして、手に持っていた竹の皮包みや何かを、そこへおっぽり出して、そばへ行って『どうしたどうした』と申しました。すると弟はまっさおな顔の、両方の頬からあごへかけて血に染まったのをあげて、わたくしを見ましたが、物を言うことができませぬ。息をいたすたびに、傷口でひゅうひゅうという音がいたすだけでございます。わたくしにはどうも様子がわかりませんので、『どうしたのだい、血を吐いたのかい』と言って、そばへ寄ろうといたすと、弟は右の手を床に突いて、少しからだを起こしました。左の手はしっかりあごの下の所を押えていますが、その指の間から黒血の固まりがはみ出しています。弟は目でわたくしのそばへ寄るのを留めるようにして口をききました。ようよう物が言えるようになったのでございます。『すまない。

どうぞ堪忍してくれ。どうせなおりそうにもない病気だから、早く死んで少しでも兄きにらくがさせたいと思ったのだ。笛ふえを切ったら、すぐ死ねるだろうと思ったが息がそこから漏れるだけで死ねない。深く深くと思って、力いっぱい押し込むと、横へすべってしまった。刃はこぼれはしなかったようだ。これをうまく抜いてくれたらおれは死ねるだろうと思っている。物を言うのがせつなくっていけない。どうぞ手を借して抜いてくれ』と言うのでございます。弟が左の手をゆるめるとそこからまた息が漏ります。わたくしはなんと言おうにも、声が出ませんので、黙って弟の喉のどの傷をのぞいて見ますと、なんでも右の手に剃刀かみそりを持って、横に笛を切ったが、それでは死に切れなかったので、そのまま剃刀を、えぐるように深く突っ込んだものと見えます。柄えがやっと二寸ばかり傷口から出ています。わたくしはそれだけの事を見て、どうしようという思案もつかずに、弟の顔を見ました。弟はじっとわたくしを見詰めています。わたくしはやっとの事で、『待っていてくれ、お医者を呼んで来るから』と申しました。弟は恨めしそうな目つきをいたしましたが、また左の手で喉のどをしっかり押えて、『医者がなんになる、あゝ苦しい、早く抜いてくれ、頼む』と言うのでございます。わたくしは途方に暮れたような心持ちになって、ただ弟の顔ばかり見ております。こんな時は、不思議なもので、目が物を言います。弟の目は『早くしろ、早くしろ』と言って、さも恨めしそうにわたくしを見ています。わたくしの頭の中では、なんだかこう車の輪のような物がぐるぐる回っているようでございましたが、弟の目は恐ろしい催促をやめません。それにその目の恨めしそうなのがだんだん険しくなって来て、とうとう敵の顔をでもにらむような、憎々しい目になってしまいます。それを見ていて、わたくしはとうとう、これは弟の言ったとおりにしてやらなくてはならないと思いました。わたくしは『しかたがない、抜いてやるぞ』と申しました。すると弟の目の色がからりと変わって、晴れやかに、さもうれしそうになりました。わたくしはなんでもひと思いにしなくてはと思ってひざを撞つくようにしてからだを前へ乗り出しました。弟は突いていた右の手を放して、今まで喉を押えていた手のひじを床とこに突いて、横になりました。わたくしは剃刀かみそりの柄をしっかり握って、ずっと引きました。この時わたくしの内から締めておいた表口の戸をあけて、近所のばあさんがはいって来ました。留守の間、弟に薬を飲ませたり何かしてくれるように、わたくしの頼んでおいたばあさんなのでございます。(中略)ばあさんが行ってしまってから、気がついて弟を見ますと、弟はもう息が切れておりました。傷口からはたいそうな血が出ておりました。それから年寄衆がおいでになって、役場へ連れてゆかれますまで、わたくしは剃刀をそばに置いて、目を半分あいたまま死んでいる弟の顔を見詰めていたのでございます。」(中略)

喜助の話はよく条理が立っている。ほとんど条理が立ち過ぎていると言ってもいいくらいである。これは半年ほどの間、当時の事を幾たびも思い浮かべてみたのと、役場で問われ、町奉行所で調べられるそのたびごとに、注意に注意を加えてさらってみさせられたのとのためである。

庄兵衛はその場の様子を目(ま)のあたり見るような思いをして聞いていたが、これがはたして弟殺しというものだろうか、人殺しというものだろうかという疑いが、話を半分聞いた時から起こって来て、聞いてしまっても、その疑いを解くことができなかった。弟は剃刀(かみそり)を抜いてくれたら死なれるだろうから、抜いてくれと言った。それを抜いてやって死なせたのだ、殺したのだとは言われる。しかしそのままにしておいても、どうせ死ななくてはならぬ弟であったらしい。それが早く死にたいと言ったのは、苦しさに耐えなかったからである。**喜助**はその苦(く)を見ているに忍びなかった。苦から救ってやろうと思って命を絶った。それが罪であろうか。殺したのは罪に相違ない。しかしそれが苦から救うためであったと思うと、そこに疑いが生じて、どうしても解けぬのである。

庄兵衛の心の中には、いろいろに考えてみた末に、**自分よりも上のものの判断に任すほかないという念(オオトリテエ)に従うほかないという念が生じた。**

◆10　映画教材「世界の果ての通学路」　発展途上国・SDG s
2013 年　フランス映画

地球上の異なる 4 つの地域で、危険な道のりを経ての通学し、学校で学ぼうとする子どもたちの姿が撮影されている。
①ケニアの 15 キロメートルのサバンナを命がけで駆け抜ける兄ジャクソン（11 歳）と妹サロメ。　**15 ㎞　2 時間**
②360 度見渡す限り誰もいないパタゴニア平原を、妹と一緒に馬に乗って通学するカルロス(11 歳)と妹ミカ。　**18 ㎞　1 時間半**
③モロッコの険しいアトラス山脈を越え、女友だち 2 人と寄宿舎を目指すザヒラ(12 歳)。　**22 ㎞　4 時間**
④幼い弟たちに車椅子を押されながら、舗装されていない道を学校に向かうインドのサミュエル(13 歳)と弟 2 人　**4 ㎞　1 時間 15 分**
の 4 組に密着取材されたドキュメンタリー映画。

上記の順番に、チャプター１～４まで登場するが、④のみ車椅子での通学になる。車椅子として販売されたものではなく、手作業で作成したもののようであり、乗っている者を固定するようなベルトもない。そのため、(前のめりによる)転倒防止のために、一貫して後ろ向きのまま運ばれていく。川を横切り、途中でタイヤが外れたりもする。4 組とも片道 1 時間以上かけての通学になるが、通学路の状況や通学手段によって通学時間には差が生じる。
子どもたちの学習に対する意欲の高さや、子どもたちを支える家族の愛情が描かれている。

＜教材として＞

・ザヒラは「生きたままの鶏」を持参して学校に向かう。

・サミュエルは最後に語る。「僕と一緒に勉強していたある女の子は障害もないし、頭もよかった。でも、両親に退学させられた。」
・学校の「意味」「価値」について日本との相違を意識させられる。SDG s の 17 の目標に関連づけながら鑑賞したい。

【参考①】SDG s　17 の目標

1　貧困をなくそう

世界中の、あらゆる形態の貧困を終わらせることを目指す。「絶対的貧困」———1 日 1.9 ドル（約 210 円）以下で暮らす極度の貧困の形もあれば、所属する社会の一般的な水準より低い状況で暮らさなければいけない「相対的貧困」という貧困の形もある。日本では、7 人に 1 人の子どもが「相対的貧困」の状況に置かれているとされる。

貧困とは経済的なことだけではなく、教育や仕事、食料、安全な水、病院、住居などの必要な物やサービスがない、または受けられないこと、さらに自分の意見を自由に言えないなど、自分のもっている本当の力を生かせないことも含まれる。

2　飢餓をゼロに

子どもからお年寄りまですべての人たちが、栄養のある十分な食事を取り、持続可能な農業をすすめることによって世界中の飢餓を終わらせることを目指す。

今も世界の多くの子どもたちは、栄養不良が原因で命を落としている。特に、途上国など、自分たちに身近な環境や資源を用いて毎日の食事や生計を得ている人々にとって、環境や生物多様性を守りながら農業の生産量を増やすことは、飢餓や栄養不足をなくすためにはとても大切。

上記のために、種や作物、家畜の多様性や環境、資源を守る等の持続可能な農業を進めていくことが重要。

3　すべての人に健康と福祉を

すべての人が健康で、安心して満足に暮らすためには、病気を未然に予防したり、適切な治療を受けたりすることが必要である。

また、妊娠や出産の際に誰もが保健サービスを受けられること、幼い子どもが本来予防できるはずの病気で命を落とすことがないようにすること、そして誰もが薬やワクチンを手にできるようにすることも必要である。

これらの目標を達成するとともに、途上国で深刻な交通事故による死亡者・負傷者の数を半分に減らすこと、化学物質や大気・水質・土壌の汚染を減らしていくことも目指している。

4　質の高い教育をみんなに

住んでいる場所や家庭の経済状況に関わらず、誰もが無料で質の高い基礎教育や職業訓練を平等に受け、すべての世代の人が生涯にわたりさまざまな機会に学習できるようにするための目標。

若者や大人がきちんと読み書き、計算ができるようにしたり、教育を受けるため、安全で通いやすい学校設備を整えたり、資格のある先生の数を増やしたりすることもこの目標に含まれる。

この達成のために、紛争や災害の状況下でも、子どもたちが教育を受けられるよう、制度を整えたり、そのための資金を確保したりすることも非常に重要。

5　ジェンダー平等を実現しよう

すべての人が性を理由に差別されず、すべての女性や女の子に対する性的な人身取引を含むあらゆる種類の差別や暴力、搾取を、世界のすべての場所でなくすことを目指す。

また、無報酬の育児・介護や家事労働を認識し、評価することや、女性・女子が政治や経済活動の意思決定に平等に参加できることもこの目標に含まれる。

さらに妊娠と出産に関する女性の権利を守り、土地・財産などに関する女性の権利を確保するために法律やルールをつくりかえることも、目標として掲げている。

女性の国会議員の比率が少なく、ジェンダー指数の低い日本は、特にこの目標達成に向けて改善すべきことが極めて多くある。

6　安全な水とトイレを世界中に

すべての人が安全で安価な水を使えるようにすること、適切な方法による下水処理やごみ処理などの衛生設備が整った環境で暮らせることを目指す。

野外での排泄をなくすこと、下水や衛生設備について女性・女子等最も弱い立場にある人々のニーズに特に注意を払うこともこの目標に含まれる。

また排水処理を通して水質を管理することや、今後深刻化するといわれている水不足に対し、水の再利用や利用効率の改善、コミュニティ参加による水資源管理や水に関する生態系の保護も目指す。

7　エネルギーをみんなにそしてクリーンに

すべての人が、電気やガスなどのより新しいエネルギーを、安い価格で安定して使えるようにすることを目指す。

電気やガスなどのエネルギーを持続して供給するためには、石油や石炭などのエネルギー源のみに頼らず、太陽の光や風、川を流れる水の力、海の潮の力など自然の力でつくる再生可能エネルギーの使用を大幅に増やすことが重要で、これも目標の一つに含まれる。

さらに、無駄を省きながらエネルギーを使用できるよう、2030 年までに世界全体でエネルギー効率を倍増させることも掲げている。

8　働きがいも経済成長も

すべての人が働きがいのある人間らしい仕事をし、自然資源である環境を守りながら、持続可能な経済成長を進めることを目指す。

この目標には、2030 年までに、若者や障害者を含む、すべての女性と男性が、人間らしい働きがいのある仕事に就くこと、また子どもの心身に害を及ぼす労働には厳しい姿勢で臨むことが含まれる。

さらに強制労働や人身取引、子ども兵士、売春・ポルノなどの最悪の形態の児童労働を確実になくすための施策を早急に行い、2025 年までにあらゆる形態の児童労働をなくすことも掲げる。

9　産業と技術革新の基盤をつくろう

経済成長と人々の健康で安全な暮らしの両方を実現するため、社会の基盤となるインフラを持続可能で、災害に強く、環境破壊をもたらさないものにするための目標。

インフラには水道や鉄道、ガス・電気、インターネットなどの設備やサービスが含まれるが、利用の際の価格を安くし、すべての人が平等に使用できること目指す。また、経済発展を進める際、製造業に従事する人の数を増やしたり、特に途上国において小規模の製造業への金融サービスの仕組みを増やすこと、企業が環境に配慮した技術や製造の工程などを取り入れることなども目指す。

10　人や国の不平等をなくそう

国と国の間、または国の中での不平等を減らすための目標。各国の中で所得が水準より低い人々の収入をより早く増やすことや、年齢、性別、障害、人種などによる社会・経済・政治的な機会の不平等をなくし、特定のグループを差別するような法律や慣習をなくすことを目指す。

また、先進国と途上国の間の不平等をなくすため、国際的な金融の取引に対する規制や制度を強化することや、貿易において途上国に特別な配慮を行うこと、世界銀行などの国際金融機関の意思決定の際に、途上国の参加や発言力を拡大することなども、この目標には含まれる。

11　住み続けられるまちづくりを

すべての人が水・電気などの必要なサービスを得られる安全な家に住み、スラムの状況を改善すること、また特に子どもや女性、障害者、高齢者など配慮が必要な人々にとって、安全で価格が安く、かつ環境に配慮した交通機関や公園などの公共スペースをつくることを目指す目標。

さらに住民のまちづくりへの参加を確保すること、災害に強いまちや地域をつくること、大気汚染を防ぎ廃棄物を管理して都市の環境を改善すること、世界文化遺産・自然遺産を守ることもこの目標に含まれる。

12　つくる責任つかう責任

これまでの生産と消費の形態への反省から、すべての国が、一人当たりの食品廃棄量を全体で半分に減らすこと、化学物質や廃棄物を大気・水・土壌に流れ出すことを食い止めること、3R（ゴミを減らし、再利用し、資源化すること）を促進することを目指す目標。

持続可能な消費と生産を行うためには、大企業や多国籍企業が持続可能な方法で事業を実施し情報を公開すること、国や自治体が環境に優しい物品やサービスを使用すること、そして人々が自然と調和した暮らしに関する知識を得られるようにすることなども必要であり、それらも目標として掲げている。

13　気候変動に具体的な対策を

気候変動がもたらす危険や自然災害に対する備えを強化し、災害に強く、災害から回復する力を高めることを目指す。気候変動やその影響を止めるためには、すべての国が今すぐ行動を起こす必要があり、気候変動のための対策を国の政策や戦略、計画に組み込むことが必要である。

気候変動の原因となる温室効果ガス排出の減少、気候変動に伴う環境変化への適応やその影響の軽減について、人々が知識を得て能力を高め、きちんと制度を整えることが目標となっており、教育の場においてもこれらについて指導することが求められる。

14　海の豊かさを守ろう

海の汚染の主な原因である陸上の人間の活動を改善し、海洋汚染を防ぎ、海の生態系に悪影響を与えないよう、健全で生産的で持続可能な海洋、および生態系の保護と回復を目指す。過剰または違法な漁業、海の環境を破壊するような漁業の方法を撤廃して取り締まり、科学的な情報に基づいた保全を実施することも含まれる。

人々の暮らしに欠かせない魚ですが、途上国や島しょ国の人々が漁業規制などによって困窮しないよう、海からの資源を持続可能な方法で利用し、そこから収入を得るために支援することも明記されている。

15　陸の豊かさも守ろう

森林、湿地、山地、乾燥地や、内陸にある淡水など、陸の生態系を守り、持続可能な方法で利用することや、森林をきちんと管理し、砂漠化に対処し、森林破壊や土地の劣化を防ぎ、再生させることを目指す目標。

また生物多様性が失われることを防ぐため、絶滅危惧種を一刻も早く保護したり、密漁や動植物の違法な取引をなくすための措置を講じたりすることもこの目標に含まれる。

さらに、天然資源に関わる計画を国や地域レベルで策定し、生態系の保護と地域の人々の持続可能な生計が両立するようサポートすることも明記されている。

16　平和と公正をすべての人に

平和な社会づくりのため、世界中から、虐待、搾取、人身売買など、子どもに対する暴力を含む、あらゆる暴力と暴力による死を大幅になくすこと、政府や国の制度を公正にし、すべての人が平等に司法を利用することを目指す。
違法な資金の取引や武器の取引、汚職を大幅に減らすこと、子どもや若者を含む人々の意見を意思決定に反映し、人々に対して情報を公開して説明ができる政府や制度にすることもこの目標に含まれる。また、グローバルなレベルでの決定に際し、途上国の参加を拡大、強化していくことも目指す。

17　パートナーシップで目標を達成しよう

これまでの 16 の目標を達成するために、「具体的な実施手段を強化し、持続可能な開発に向けて世界の国々が協力すること」に関連するとても重要な目標。
すべての国が目標達成に向けて国の予算を確保し、また先進国は途上国に必要な資金や技術を支援し、国同士の格差を生まない貿易ルールを実施することが掲げられている。さまざまな関係者が連携することや、目標達成に向けてどのくらい進捗しているかを確認するため、データや統計をきちんと集めることもこの目標に含まれる。

【参考②】道徳科

2017(平成 29)年告示　中学校学習指導要領

第 3 章　特別の教科　道徳

第 2　内容

学校の教育活動全体を通じて行う道徳教育の要である**道徳科**にお

いては，以下に示す項目について扱う。

A　主として自分自身に関すること

1［自主，自律，自由と責任］　自律の精神を重んじ，自主的に考え，判断し，誠実に実行してその結果に責任をもつ。

2［節度，節制］　望ましい生活習慣を身に付け，心身の健康の増進を図り，節度を守り節制に心掛け，安全で調和のある生活をすること。

3［向上心，個性の伸長］　自己を見つめ，自己の向上を図るとともに，個性を伸ばして充実した生き方を追求すること。

4［希望と勇気，克己と強い意志］　**より高い目標を設定し，その達成を目指し，希望と勇気をもち**，困難や失敗を乗り越えて着実にやり遂げること。

［真理の探究，創造］　真実を大切にし，真理を探究して新しいものを生み出そうと努めること。

B　主として人との関わりに関すること

5［思いやり，感謝］思いやりの心をもって人と接するとともに，家族などの支えや多くの人々の善意により日々の生活や現在の自分があることに感謝し，進んでそれに応え，人間愛の精神を深めること。

6［礼儀］　礼儀の意義を理解し，時と場に応じた適切な言動をとること。

7［友情，信頼］　友情の尊さを理解して心から信頼できる友達をもち，互いに励まし合い，高め合うとともに，異性についての理解を深め，悩みや葛藤も経験しながら人間関係を深めていくこと。

8［相互理解，寛容］　自分の考えや意見を相手に伝えるとともに，それぞれの個性や立場を尊重し，いろいろなものの見方や考え方があることを理解し，寛容の心をもって謙虚に他に学び，自らを高めていくこと。

C　主として集団や社会との関わりに関すること

9［遵法精神，公徳心］　**法やきまりの意義を理解し，それらを進んで守る**とともに，そのよりよい在り方について考え，自他の権利を大切にし，義務を果たして，規律ある安定した社会の実現に努めること。

10［公正，公平，社会正義］　正義と公正さを重んじ，誰に対しても公平に接し，**差別や偏見のない社会の実現**に努める。

11［社会参画，公共の精神］　社会参画の意識と社会連帯の自覚を高め，公共の精神をもってよりよい社会の実現に努めること。

12［勤労］　勤労の尊さや意義を理解し，将来の生き方について考えを深め，勤労を通じて社会に貢献すること。

13［家族愛，家庭生活の充実］　**父母，祖父母を敬愛**し，家族の一員としての自覚をもって充実した家庭生活を築くこと。

14［よりよい学校生活，集団生活の充実］

教師や学校の人々を敬愛し，学級や学校の一員としての自覚をもち，協力し合ってよりよい校風をつくるとともに，様々な集団の意義や集団の中での自分の役割と責任を自覚して集団生活の充実に努めること。

15［郷土の伝統と文化の尊重，郷土を愛する態度］　郷土の伝統と文化を大切にし，社会に尽くした先人や高齢者に尊敬の念を深め，地域社会の一員としての自覚をもって郷土を愛し，進んで郷土の発展に努めること。

16［我が国の伝統と文化の尊重，国を愛する態度］　優れた伝統の継承と新しい文化の創造に貢献するとともに，日本人としての自覚をもって国を愛し，国家及び社会の形成者として，その発展に努めること。
17［国際理解，国際貢献］　世界の中の日本人としての自覚をもち，他国を尊重し，国際的視野に立って，世界の平和と人類の発展に寄与すること。

D　主として生命や自然，崇高なものとの関わりに関すること
18［生命の尊さ］　生命の尊さについて，その連続性や有限性なども含めて理解し，かけがえのない生命を尊重すること。
19［自然愛護］　自然の崇高さを知り，自然環境を大切にすることの意義を理解し，進んで自然の愛護に努めること。
20［感動，畏敬の念］　美しいものや気高いものに感動する心をもち，人間の力を超えたものに対する畏敬の念を深める。
21［よりよく生きる喜び］　人間には**自らの弱さや醜さを克服する強さや気高く生きようとする心**があることを理解し，人間として生きることに喜びを見いだすこと。

第３　　指導計画の作成と内容の取扱い
１　各学校においては，道徳教育の全体計画に基づき，各教科，総合的な学習の時間及び特別活動との関連を考慮しながら，道徳科の年間指導計画を作成するものとする。（以下略）
２　第２の内容の指導に当たっては，次の事項に配慮するものとする。
(1)　略
(2)　道徳科が学校の教育活動全体を通じて行う道徳教育の要としての役割を果たすことができるよう，計画的・発展的な指導を行うこと。（以下略）
(3)　生徒が自ら道徳性を養う中で，自らを振り返って成長を実感したり，これからの課題や目標を見付けたりすることができるよう工

夫すること。（以下略）

(4)　生徒が多様な感じ方や考え方に接する中で，考えを深め，判断し，表現する力などを育むことができるよう，自分の考えを基に討論したり書いたりするなどの言語活動を充実すること。（以下略）

(5)　生徒の発達の段階や特性等を考慮し，指導のねらいに即して，問題解決的な学習，道徳的行為に関する体験的な学習等を適切に取り入れるなど，　指導方法を工夫すること。（以下略）

(6)　生徒の発達の段階や特性等を考慮し，第２に示す内容との関連を踏まえつつ，**情報モラル**に関する指導を充実すること。また，例えば，**科学技術の発展と生命倫理との関係や社会の持続可能な発展などの現代的な課題**の取扱いにも留意し，身近な社会的課題を自分との関係において考え，　その解決に向けて取り組もうとする意欲や態度を育てるよう努めること。（以下略）

(7)　略

3　教材については，次の事項に留意するものとする。

(1) 生徒の発達の段階や特性，地域の実情等を考慮し，多様な教材の活用に努めること。特に，**生命の尊厳，社会参画，自然，伝統と文化，先人の伝記，スポーツ，情報化への対応等の現代的な課題などを題材**とし，生徒が問題意識をもって多面的・多角的に考えたり，感動を覚えたりするような充実した教材の開発や活用を行うこと。

(2) 教材については，教育基本法や学校教育法その他の法令に従い，次の観点に照らし適切と判断されるものであること。

ア 生徒の発達の段階に即し，ねらいを達成するのにふさわしいものであること。

イ 人間尊重の精神にかなうものであって，**悩みや葛藤等の心の揺れ，人間関係の理解等の課題**も含め，生徒が深く考えることができ，人間としてよりよく生きる喜びや勇気を与えられるものであること。

最終課題

○他学生の発表(スピーチ)と対比して、自分の発表(スピーチ)について評価しなさい。(よかったところや今後の改善点)

7回目の授業での○○さんの発表が特に印象に残っている。

その理由は　～～　である。

9回目授業での　△△さんと　12 回目授業での　□□さんの発表には共通点がある。それは　・・・・・・・

自分は　××さんの　==のような工夫を　今後は　取り込みたい。

あとがき

結果的には、倫理的な課題を提供し、受講者とともに考察する第３章の比重が大きくなったが、本授業の趣旨から考えれば自然なことなのかもしれない。第１・２章では、倫理・道徳というキーワードの理解や法学・経済学との関連を整理することが中心であり、教員からの材料提供の要素が大きい。大事なことは、第３章で提示されているような考察材料や受講者自身が発表する様々な事例をもとにして、自分自身の頭で思考する作業なのだと考える。

今後、モラルジレンマや個別の事案に対して、考えることを放棄するのではなく、倫理的に良いとする選択肢を模索し続けていくような契機に、これらの考察事例が位置づけられれば有難い。

◆著者プロフィール

梨木昭平

神戸大学文学部哲学科社会学専攻課程卒業
神戸大学大学院修士課程修了
武庫川女子大学大学院博士課程修了（臨床教育学博士）

教諭や非常勤講師として様々な高校を経験後、現職の羽衣国際大学教授に。
その他の著書に、『教職入門』『教育課程論』『教育制度論』『総合的学習・特別活動指導法』（いずれも三恵社）などがある。

社会と倫理

2023年12月 8日　　初版発行

著　者　　梨木　昭平

発行所　　株式会社　　三恵社
〒462-0056 愛知県名古屋市北区中丸町2-24-1
TEL 052 (915) 5211
FAX 052 (915) 5019
URL http://www.sankeisha.com

乱丁・落丁の場合はお取替えいたします。

ISBN978-4-86693-838-7